Stb

Susanne Haag, geboren 1966, stieg 1992 in die Ausbildung ein und machte 1994 ihren Abschluß als NLP-Trainerin. Sie arbeitet als Beraterin und Trainerin für NLP und Systemische Familientherapie nach Bert Hellinger.

NLP ist die Kunst und Wissenschaft vom Verstehen und Verändern des persönlichen Erlebens. In seinen wirksamen Methoden ist es möglich, sowohl bewußte als auch unbewußte Vorgänge bei sich selbst schnell und nachhaltig zu ändern. In einer leicht verständlichen Sprache erklärt Susanne Haag, warum wir die Dinge in uns so erleben, wie wir es tun. Eine große Auswahl praktischer Übungen versetzt auch Einsteiger bereits nach kurzer Zeit in die Lage, diese Erfahrungswelt gezielt umzugestalten. Das Buch bietet damit wirksame Problemlösungen zur Entfaltung der eigenen Fähigkeiten in klaren, leicht nachzuvollziehenden Schritten.

Susanne Haag

NLP
Eine Einführung

- Fähigkeiten entdecken
- Bewußtsein entwickeln
- Leben verändern

Dieser Titel erschien im Jahre 1997 bereits im Schirner Hauptprogramm.

© 2007 Schirner Verlag, Darmstadt

Alle Rechte vorbehalten

ISBN 978-3-89767-530-8

8. Auflage 2011

Umschlaggestaltung: Murat Karaçay, Schirner
Satz: Eleni Efthimiou
Printed by: OURDASdruckt!, Celle, Germany

www.schirner.com

Inhaltsverzeichnis

Vorwort 11
1. Was ist NLP? 11
• Wie Sie mit diesem Buch am effektivsten arbeiten 14
• Tips zum guten Gelingen 16

2. Heilender Humor 19
Übung: Probleme weglachen 19

3. Reise ins Innere Ihrer Erlebniswelt 21

4. Die Welt der inneren Bilder 25
4.1 Vom Umgang mit unangenehmen Bildern 25
Übung: Angstgegner beseitigen 25
Übung: Notfallschalter für unangenehme Bilder 28
Übung: Innere Farben verändern 29
Übung: Ort und Entfernung verändern 31
Übung: Innere Bilder auflösen 33
Übung: Hell – Dunkel 35
Übung: Einen Spiegel zerspringen lassen 36
Übung: Bilder verbrennen 36
Übung: Bilder zerfließen lassen 37
4.2 Erkennen Sie sich selbst?! 38
4.3 Intensivieren Sie Ihre Bilderwelt 42
Übung: Bildliches Vorstellen allgemein 43

Übung: Farbintensität eines Bildes 44
Übung: Helligkeit eines Bildes 45
Übung: Entfernung eines Bildes 45
4.4 Gewußt wie – ein Überblick über das, was wirkt . 47

5. Ihre innere Klangwelt 51
5.1 Umgang mit kritischen Stimmen 51
Übung: Stimmen besingen und verzerren 51
Übung: Mit der eigenen Stimme sprechen 53
Übung: Verändern des Ortes 54
Übung: Die Nörgelstimme abstellen 55
5.2. Wie sprechen Sie eigentlich mit sich selbst? 57
Übung: Die innere Stimmlage einordnen 57
Übung: Die innere Stimmqualität ändern 60
5.3 Lernen Sie die Klangmöglichkeiten Ihres
    Inneren kennen 62
• Klangliches Vorstellen im allgemeinen 63
• Mono – Stereo – Dolby Surround 63
Übung: Monoklang-Hören im Inneren 65
Übung: Stereoklang-Hören im Inneren 65
Übung: Dolby-Surround-Hören im Inneren 66
Übung: Lautstärke regeln 67
Übung: Entfernung und Ort einstellen 67
Übung: Rhythmische Klänge einsetzen 68
Übung: Ein Musikstücke-Inventar anlegen 69
Übung: Ihr Privat-Chor 70

6. Das Reich der Empfindungen 73
6.1 Umgang mit unangenehmen Empfindungen 74
Übung: Einer Empfindung die Spannung nehmen 76
Übung: Empfindungen aus dem Körper gehen lassen .. 77
6.2 Wie steht es mit Ihrem Körperbewußtsein? 78
Übung: In-sich-hineinspüren 80
6.3 Bereichern Sie Ihre Empfindungswelt 82
Übung: Temperaturempfindungen steuern 82
Übung: Angenehm Berührendes erinnern 83
Übung: Meisterübung 84

7. Lebendiges Bild-Klang-Empfinden 87
Übung: Ihr innerer Ort der Ruhe und Kraft.................... 88
Übung: Musterübung für die Gestaltung eines
 Erlebnisraumes 91

8. Erlebnis Meditation 93
8.1 Trance-Grundlagen 94
Übung: Einen Trancezustand herbeiführen 94
Übung: Wieder ins Hier und Jetzt zurückkommen 96
Übung: Trancereise ins Paradies 97
Tiefere Trancezustände 98
8.2 Vertiefende Trance 99
Einige Grundlagen vorab 100
Übung: I. Grundeinstellungen des Sehens 101
Übung: II. Grundeinstellungen des Hörens 104
Übung: III. Grundeinstellung des Fühlens 107

Übung: IV. Die Meisterstufe – das Zusammenführen . 109
8.3 Was Sie in einer tieferen Trance für
sich tun können 112
Übung: Rückzug in die Fülle 112
Übung: Reinigungsritual 113
Übung: Begegnungen 113
Übung: Eine lebendigere innere Erlebniswelt 114
Übung: Was gehört wirklich zu mir? 114

9. Problemlösung durch Augenrollen 117
Übung: Augenrollen 118

10. Wiederholbare Gefühlszustände 123
Übung: Anker setzen – Gefühle abrufen 124
10.1 Tips und Kniffe 127
Übung: Sich in die Erinnerung „hineinbegeben" 128
Übung: Erinnern von Einzelheiten 129
Übung: Gefühlsanker verstärken 130
Übung: Gefühle stärker spüren 132
10.2 Der magische Kreis 133
Übung: Der magische Kreis 134
10.3 Gefühlszustände an Gesten ankern 136
10.4 Anker im Alltag 137
10.5 Superkleber für den Geist 140
Übung: Superkleber für den Geist 141

11. Zwanghaftes Verhalten lösen 145
Übung: Zwänge zerplatzen lassen 145
Übung: Zwanghaftes Verhalten an einen sinnvolleren
   Ort geben 149

12. Arbeit mit Persönlichkeitsanteilen 153
12.1 Bewußte Auseinandersetzung 154
Übung: Kontaktaufnahme mit einem Persönlichkeits-
   anteil 154
12.2 Wenn man mit sich selbst verschiedener
   Meinung ist 158
Übung: Mit sich einer Meinung werden 158
12.3 Persönlichkeitsanteile, die noch
   in den Kinderschuhen stecken 161
Übung: Eine kleine Persönlichkeit 163
Übung: Trost und Geborgenheit geben 165
Übung: Jemand, der etwas erklärt 165
Übung: Ein Freund oder Spielkamerad sein 166
Übung: Einen Schockzustand heilen 167
Übung: Einen Teil erwachsen werden lassen 168
12.4 Wenn der Körper etwas zu sagen versucht 170
Übung: Signale des Körpers erkennen 170

Was tun, wenn's nicht funktioniert?! 173
Mögliche Fehler beim Ausführen der
   Übungsanleitung 174
Wenn eine Übung für einen Inhalt nicht geeignet ist ... 174

Wenn etwas gegen die Erreichung des gewünschten
  Zieles spricht 175
Übung: Innere Einwände erkennen 176
Wenn ein Profi-Therapeut gefragt ist 178

Vorwort

1. Was ist NLP?

Das Kürzel NLP steht für den Begriff Neurolinguistisches Programmieren. NLP ist eine bahnbrechende Kommunikations- und Therapiemethode, die Anfang der 70er Jahre in den USA entwickelt wurde. Dort fanden sich Richard Bandler, damals Informatik- und Psychologiestudent, und der Assistenzprofessor für Linguistik, John Grinder, zu einem außergewöhnlichen Forschungsprojekt zusammen. Sie analysierten die Arbeitsmethoden von drei Therapeuten, die zu den größten unserer Zeit gehören - Fritz Perls, Virginia Satir und Milton Erickson. Fritz Perls war der Begründer der Gestalttherapie, Virginia Satir gilt als Grande Dame der Familientherapie und Milton Erickson wird als Vater der modernen Hypnosetherapie angesehen. Alle drei galten als wahre Meister der Therapie, die in der Lage waren in kurzer Zeit tiefgreifende und anhaltende Veränderungen mit ihren Klienten zu erreichen. Bandler und Grinder gingen davon aus, daß die Arbeitsmethoden dieser drei Meistertherapeuten Gemeinsamkeiten aufweisen müßten – eine Art Essenz für schnelle und tiefgreifende Veränderung. Ihre Analyse brachte nachvollziehbare Strukturen zu Tage, mit denen sie die ungewöhnlichen Talente ihrer drei Analysemodelle für andere lehr- und lernbar machten. In mehrjähriger Forschungsarbeit entstanden auf diese Weise zahlreiche Vor-

1. Vorwort

gehensweisen für eine effektive Kommunikation und schnelle tiefgreifende Veränderung. Im Laufe der letzten 30 Jahre wurde NLP von Bandler und Grinder und ihren Meisterschülern weiterentwickelt und ausgebaut.

Im NLP beschäftigen wir uns einerseits mit dem Verfügbarmachen von Ressourcen, das heißt inneren Kräften und Fähigkeiten, und andererseits mit dem Lösen von problematischem Erleben und Verhalten. Die NLP-Übungen zeichnen sich dadurch aus, daß sie einerseits einfach nachvollziehbar und andererseits hochwirksam sind. Dies wird möglich, in dem unser komplexes inneres Erleben in kleinere analysierbare Erlebniseinheiten unterteilt wird. Diese Vorgehensweise ermöglicht einen strukturierten Zugang zu unserem inneren Erleben. Beispielsweise werden unser Erinnerungsvermögen und unsere Vorstellungskraft in innere Bilder, Klänge und Empfindungen unterteilt. Sicherlich kennen Sie es, durch die äußere Ähnlichkeit eines Fremden unvermittelt das Bild einer vertrauten Person vor Ihrem geistigen Auge zu sehen oder in einer herausfordernden Situation eine ermutigende oder kritisierende Stimme in Ihrem Inneren zu hören. Und vielleicht können Sie sich auch beim Lesen dieser Worte vorstellen, wie es sich anfühlt, die Hände in kühles Wasser zu tauchen und Ihre Haut auf angenehme Weise von dem kalten Naß umspülen zu lassen. Diese Erlebniseinheiten fügen sich in unserem inneren Erleben zu Prozessen zusammen, die zu einem bestimmten Erleben oder Verhalten führen. Beispielsweise kann ein bestimmter Duft lebhafte Erinnerungen an einen schönen Urlaub wachrufen und damit die mit dem Urlaub verbundenen Glücksge-

1. Vorwort

fühle. Oder die kritische Bemerkung eines Gesprächspartners löst eine Erinnerungsflut an ähnliche Kritiksituationen aus und damit eine starke Ärgerreaktion, die der aktuellen Situation völlig unangemessen ist. Solche inneren Prozesse werden im NLP auf Zusammensetzung und zeitlichen Ablauf hin analysiert. Dies macht diese Prozesse, die wir durchlaufen, um ein bestimmtes Verhalten oder Erleben hervorzubringen, transparent und damit veränderbar.

Die Veränderung des inneren Erlebens steht in diesem Buch im Mittelpunkt. Ziel der hier beschriebenen Übungen ist es, Sie einerseits zu befähigen, sich weitere Ressourcen zugänglich zu machen und andererseits Lösungsmöglichkeiten für einschränkende Verhaltensweisen zu bieten. Wir werden uns daher mit Vorgehensweisen aus dem NLP für schnelle und tiefgreifende Veränderung beschäftigen. Der Schwerpunkt liegt hierbei auf Vorgehensweisen, die zum Arbeiten mit sich selbst geeignet sind. Diese Übungen werden Sie in die Lage versetzen, Ihr inneres Erleben bewußter zu gestalten und unerwünschtes Verhalten schnell und nachhaltig bei sich zu verändern. Dies kann Sie in vielerlei Hinsicht befähigen, die alltäglichen Herausforderungen leichter und erfolgreicher zu bewältigen. Sie werden Vorgehensweisen zum Lösen von Problemsituationen finden und Übungen zum Entfalten von bisher noch schlummernden Fähigkeiten. Beides wird Ihnen erlauben, gezielt auf Ihre persönliche Entwicklung einzuwirken.

Und in einer Zeit, in der das Beständigste der stetige Wan-

1. Vorwort

del ist, werden Sie flexibler und damit angemessener auf Ihre Umwelt reagieren können. C.G. Jung sagte einmal: „Unsere größte Aufgabe ist es, das zu werden, was wir sind." Im Laufe der letzten zehn Jahre, in denen ich in meiner eigenen Entwicklung gezielt voranschreite und das Privileg habe, als Coach und Trainerin an der persönlichen Entwicklung anderer teilzuhaben, wurde eines für mich zunehmend offensichtlich: Wenn Menschen beginnen, ihr Innerstes zu erforschen, entdecken sie bisher brachliegende Fähigkeiten, von denen sie zuvor noch nicht einmal zu träumen wagten. Und mit dem Eröffnen dieser neuen Möglichkeiten wächst im Inneren ein Gefühl tiefster Zufriedenheit. Ich verwende C.G. Jungs Satz daher mit einer kleinen Änderung: Unsere größte Erfüllung ist es, das zu werden, was wird sind! In diesem Sinne wünsche ich Ihnen eine spannende Zeit beim Erforschen Ihrer inneren Welt.

Wie Sie mit diesem Buch am effektivsten arbeiten

Dieses Buch enthält eine Fülle von NLP-Übungen, mit denen Sie Veränderungsprozesse gezielt in Gang setzen können. Die Inhalte der Übungen eignen sich zum Arbeiten mit sich selbst. Die Übungsstruktur ist so aufgebaut, dass Sie die jeweilige Übungsanleitung ohne Hilfe von außen umsetzen können.

1. Vorwort

Zu Beginn erwartet Sie Grundlegendes zum Thema Verändern des inneren Erlebens mit NLP. Einen humorvollen Einstieg in dieses Thema bietet die Übung:
- Heilender Humor

In den darauf folgenden Kapiteln beschäftigen wir uns eingehend mit der Struktur Ihrer inneren Erlebniswelt:
- Reise ins Innere Ihrer Erlebniswelt
- Die Welt der inneren Bilder
- Ihre innere Klangwelt
- Das Reich der Empfindungen
- Lebendiges Bild-Klang-Empfinden

Die Übungen in diesen ersten Kapiteln sind einfacher strukturiert, so daß Sie selbst als Einsteiger direkt Erfolge erzielen werden. Hier gilt es jedoch, eines zu beachten: Wir können beim Erforschen der inneren Erlebniswelt auf allen Menschen gemeinsame Strukturen zurückgreifen, das innere Erleben jedes Einzelnen ist allerdings auch individuell gestaltet. Sie sind ein einzigartiges Wesen und nutzen Ihr inneres Erleben dementsprechend individuell. Es wird daher Übungen in diesen ersten Kapiteln geben, die Ihrer inneren Grundstruktur entsprechen und entsprechend interessant und einfach umzusetzen sind. Andere Übungen können Ihnen fremdartig oder schwerer umsetzbar erscheinen. Ich möchte Sie dazu ermuntern, auch letztere in Ihr Übungsrepertoire mit einzubauen. Gerade diese Übungen werden Ihr inneres Erleben bereichern, die Herausforderung lohnt sich. Die späteren Kapitel bieten Ihnen unterschiedliche Vorgehensweisen zum Verändern Ihres inneren Erlebens. Hier finden Sie sowohl

1. Vorwort

Übungen zum Verfügbarmachen von Ressourcen, als auch Vorgehensweisen, mit denen Sie problematisches Erleben und Verhalten verändern können.

Die Kapitel:
- Erlebnis Meditation
- Problemlösung durch Augenrollen
- Wiederholbare Gefühlszustände
- Zwanghaftes Verhalten lösen
- Arbeit mit Persönlichkeitsanteilen

bieten Ihnen unterschiedliche Herangehensweisen zu unserem Thema „Verändern Ihres inneren Erlebens". Diese Themenbereiche sind zusammengestellt wie ein NLP-Übungs-Buffet. Wählen Sie das aus, was Ihnen schmeckt und bekommt.

Den Einstieg in jedes dieser Kapitel bieten einfacher strukturierte Übungen, die von zunehmend komplexeren Übungen gefolgt werden. Am Ende des Buches schließlich finden Sie Tips und Hinweise für den Fall, dass eine Übung nicht auf Anhieb den gewünschten Erfolg bietet.

Hier noch einmal zusammenfassend Tips zum guten Gelingen:

Tips zum guten Gelingen

- Übung macht den Meister – diese Weisheit gilt auch für die Übungen in diesem Buch. Beginnen Sie mit Themen, die gefühlsmäßig weniger belastend für Sie sind. Später, wenn Sie mit den Übungsschritten und

1. Vorwort

Ihrem inneren Erleben vertrauter sind, wird es sehr viel leichter für Sie sein, auch „schwerere" Probleme anzugehen. Starten Sie also auf einem Übungshang, anstatt gleich über die steilste Piste zu stürmen.

- Der Schwierigkeitsgrad der Übungen steigt mit der Seitenzahl. Die Vorgehensweisen, die in den ersten Kapiteln beschrieben sind, können Sie daher nach kurzer Zeit leicht durchführen. Bei den vielschichtigeren Übungen gegen Ende des Buches werden Sie dagegen etwas mehr Zeit benötigen.

- Zu Beginn des Übens ist es hilfreich, die Übungsschritte genau einzuhalten. Dies ermöglicht es Ihnen, die notwendigen Erfahrungen mit der entsprechenden Vorgehensweise zu sammeln. Beherrschen Sie diese einmal, können Sie die Übungen mit Ihren eigenen Ideen anreichern.

- Folgende Vorgehensweise hat sich beim Arbeiten mit sich selbst als hilfreich erwiesen:
Lesen Sie einen Übungsschritt ab, schließen Sie dann die Augen und führen Sie die Übungsanweisung aus. Öffnen Sie dann wieder die Augen, um den nächsten Schritt abzulesen. Auf diese Weise können Sie sich selbst mit *offenen Augen die Anweisung geben,* und diese im Inneren mit *geschlossenen Augen konzentriert ausführen.*

- Wenn eine Übungsanleitung nicht auf Anhieb den gewünschten Erfolg zeigt, verzagen Sie nicht! Im Kapitel

1. Vorwort

Was tun, wenn's nicht funktioniert finden Sie wertvolle Tips und Anregungen hierzu.

- Viele Ihrer alltäglichen Probleme, können Sie mit den Übungen in diesem Buch für sich lösen. Aber natürlich gibt es auch Problemzustände und Verhaltensmuster, bei denen man alleine nicht weiterkommt und in denen das Können eines Profi-Therapeuten gefragt ist. Hinweise hierzu im Abschlußkapitel.

2. Heilender Humor

Als Einstieg in die Welt der Veränderungen möchte ich Ihnen eine kleine Übung vorstellen. Sie ist eine meiner Lieblingsübungen, denn sie zeigt auf anschauliche Weise *die Geisteshaltung des NLP: Mit einfachen Schritten tiefgreifende Veränderungen bewirken und dabei Spaß haben.*

Wählen Sie dazu ein Problem aus, für das Sie gerne eine Lösung finden möchten. Für den Anfang ist es sinnvoll, keine Problemsituation zu nehmen, die mit sehr heftigen Gefühlen belastet ist, wie beispielsweise ein grundsätzliches Lebensproblem. Suchen Sie sich für den Einstieg eine eher leichte bis mittlere Situation aus. Folgen Sie dann den untenstehenden Übungsschritten, und lassen Sie sich einfach von der Wirkung überraschen.

Übung: Probleme weglachen

1. Stellen Sie sich einen Freund vor, der große Weisheit besitzt und von dem Sie wissen, daß er Ihnen sehr wohlgesonnen ist. Wenn Sie einen solchen Menschen zu Ihren Freunden zählen können, um so besser – wenn dies bisher noch nicht der Fall ist, nehmen Sie sich einen Moment Zeit, um diesen weisen liebevollen Freund in Ihrer Vorstellung entstehen zu lassen. Der wichtigste Aspekt hierbei ist, daß Sie sich diesen Freund *sehr weise* und *Ihnen wirklich wohlgesonnen* vorstellen.

2. Heilender Humor

2. Denken Sie nun an die Situation, die Sie bisher als Problem empfunden haben, und stellen Sie sich vor, Sie würden mit diesem Freund zusammensitzen und ihm die Situation schildern. Sie beschreiben ihm ganz genau, über was Sie sich aufregen oder ärgern, was Sie wütend oder hilflos macht, usw.
   Während Ihrer Schilderung beginnt nun ihr Freund zu lächeln. Aus seinem Lächeln wird dann auf liebevolle Weise ein Lachen und schließlich ein lachendes Prusten. Er lacht so sehr, daß er sich mit beiden Händen auf die Oberschenkel schlägt, und ihm Tränen die Wangen hinablaufen.

3. Lenken Sie Ihre Aufmerksamkeit darauf, was es in Ihnen bewirkt, wenn Sie diesen weisen und liebevollen Menschen so herzlich lachen sehen.
   Was geschieht in Ihrem Inneren, wenn Sie diesen Freund so erleben? Lassen Sie sich von der Woge seiner Heiterkeit erfassen, und lachen Sie mit ihm gemeinsam über das zuvor empfundene „Drama".

Denken Sie nun erneut an die anfängliche Situation. Wie reagieren Sie jetzt darauf? Können Sie die Situation immer noch so ernst nehmen wie zuvor? Oder ist es nun nicht eher so, daß in Ihrem Inneren das liebevolle und weise Lachen Ihres Freundes erscheint? Genießen Sie für einen Moment die heilende Wirkung dieser Sicht der Dinge. Welche neuen Betrachtungsmöglichkeiten können sich jetzt für Sie eröffnen?

3. Reise ins Innere Ihrer Erlebniswelt

Wir erleben die Welt mittels unserer fünf Sinne: Sehen, Riechen, Hören, Schmecken und Fühlen. Entsprechend verarbeiten wir die eingetroffenen Informationen auf fünf Wahrnehmungsweisen: Sehen – visuell, Hören – auditiv, Fühlen – kinästhetisch, Riechen – olfaktorisch, Schmecken – gustatorisch.

In unserer westlichen Kultur nutzen wir jedoch vorwiegend das innere Sehen, Hören und Fühlen, um Informationen bewußt zu verarbeiten und uns an sie zu erinnern. Wir denken in bewußten und unbewußten Bildern, Klängen und Empfindungen und erschaffen somit unsere innere Erlebniswelt in jedem Moment aufs neue. Die Art, wie dieses innere Erleben gestaltet ist, wirkt sich auf unser ganzes Befinden aus. Die Bilder, die vor unserem geistigen Auge entstehen, die Stimmen und Klänge, welche wir im Inneren hören, und die Empfindungen, die uns berühren, sind daher von großer Bedeutung. Sie lassen uns die Welt blaß oder farbenprächtig, schrill oder harmonisch, als bedrohlich oder behaglich erleben. Sie wirken sich hinderlich aus oder unterstützen uns, entmutigen oder geben uns Kraft.

Dabei ist der Inhalt des Vorgestellten weniger entscheidend. Ausschlaggebend ist vielmehr die Art und Weise, wie die inneren Bilder, Klänge und Empfindungen be-

3. Reise ins Innere Ihrer Erlebniswelt

schaffen sind. Auf feinste Unterschiede wie beispielsweise Helligkeit oder Entfernung eines Bildes, Lautstärke oder Rhythmus eines Klanges, Ort oder Stärke einer Empfindung kommt es an. An diese feinsten Unterscheidungen in unserer Wahrnehmung sind unsere Gefühle „gekoppelt". Verändert man diese Unterschiede, verändert sich automatisch das Gefühl. Im NLP werden diese Unterschiede als *Submodalitäten* bezeichnet. Richard Bandler nannte sie einmal *die Programmiersprache des Gehirns.* Ihre Entdeckung war eine der bahnbrechenden Erkenntnisse innerhalb des NLP, denn sie ermöglichen gezieltes Einwirken auf unser inneres Erleben und damit auf unsere Gefühlsreaktionen.

Wie stark unsere Gefühle von Submodalitäten beeinflußt werden und wie schnell sie verändert werden können, macht die folgende kleine Übung deutlich. Denken Sie an einen Menschen, in dessen Gegenwart Sie sich bisher ängstlich, bedroht oder in einer anderen Weise unbehaglich fühlten. Welche Körperempfindungen (feuchte Hände, Magendruck, Kloß im Hals u.ä.) werden bei dem Gedanken an diese Person spürbar? Stellen Sie sich nun vor, Sie sehen diesen Menschen in einem kleinen Schwarzweiß-Fernseher, der einige Meter von Ihnen entfernt links unten auf dem Boden steht. Wie verändern sich Ihre Körperempfindungen? Und welche Gefühle stellen sich jetzt ein? In der Regel verringert sich das zuvor empfundene Unbehagen spürbar oder löst sich sogar vollständig auf obwohl der Inhalt des Vorgestellten gleichblieb – Sie dachten weiterhin an dieselbe Person – veränderten sich Ihre Gefühle. Dies ist die typische Wirkung von Submodalitäten, auf der die Übungen der nächsten Kapitel beruhen. Mit Hilfe der Submodalitäten können Sie also einerseits unangenehm wirkende Bilder, Klänge und Empfindungen entmachten, andererseits aber auch wohltuende Seiten Ihres inneren Erlebens verstärken.

Bei der Beschäftigung mit dem inneren Erleben ist es wichtig, einen bisher weniger bekannten Umstand zu beachten: Die Wahrnehmungsweisen *Sehen, Hören* und *Fühlen* werden von Menschen unterschiedlich stark genutzt. Die meisten von uns bevorzugen unbewußt nur eine oder zwei der Wahrnehmungsweisen. Während der eine vorwiegend bildhaft denkt, verarbeitet und erinnert, ist ein anderer eher gefühlsbetont oder mehr dem Hören zugewandt. Wieder andere nutzen zwei der Wahrnehmungsweisen zu gleichen Teilen. Nur wenige sind allerdings in der Lage, alle drei Bereiche gleich gut zu nutzen. Sie werden daher feststellen, daß Ihnen einige der Übungen leichter fallen werden als andere. Übungen mit Wahrnehmungsweisen, die Sie bisher nur wenig nutzten, können Ihnen schwieriger und vielleicht sogar etwas verrückt erscheinen. Suchen Sie sich anfangs aus dem Angebot einfach das heraus, was Sie interessiert und anspricht. Allerdings möchte ich Sie dazu ermuntern, sich mit der Zeit auch die anderen Bereiche des Wahrnehmens zu erschließen. Denn je weiter Sie Ihre Wahrnehmungsmöglichkeiten ausschöpfen, desto vielfältiger und lebendiger wird Ihr inneres Erleben.

Erleben Sie in den folgenden vier Kapiteln, wie Sie unangenehm wirkende Vorstellungen in wenigen Schritten entmachten können. Entdecken Sie die Brillanz Ihrer Bil-

3. Reise ins Innere Ihrer Erlebniswelt

derwelt, lassen Sie sich von den Klängen Ihres Inneren verzaubern, und genießen Sie die Vielfalt Ihrer Empfindungen. Begleiten Sie mich auf die faszinierende Reise ins Innere Ihrer Erlebniswelt.

4. Die Welt der inneren Bilder

4.1 Vom Umgang mit unangenehmen Bildern

Übung: Angstgegner beseitigen

Als „Angstgegner" bezeichnet man eine Person, in deren Gegenwart man sich gehemmt und/oder unsicher fühlt. Mit der folgenden Vorgehensweise können Sie ein solches Unbehagen schnell und effektiv beseitigen. Einige Schritte dieser Übung haben Sie bereits auf Seite 22 kennengelernt. Hier folgt nun die ausführliche Übungsanleitung.

1. Denken Sie an eine Person, in deren Gegenwart Sie sich bisher ängstlich, unsicher, gehemmt, nervös o.ä. fühlten. Wo und wie sehen Sie das Bild der Person vor Ihrem geistigen Auge?

- Ist es weiter entfernt oder eher vor Ihrer Nase?

- Hat die Person in Ihrer Vorstellung die reale Größe oder wirkt sie größer?

- Sehen Sie geradeaus, eher nach unten oder eher nach oben, wenn Sie die Person betrachten?

4. Die Welt der inneren Bilder

- Ist das Bild der Person eher links oder mehr rechts?
- Ist das Bild farbig oder schwarzweiß?

Welches Gefühl entsteht in Ihnen, wenn Sie an diese Person denken? Wo in Ihrem Körper spüren Sie dieses Gefühl am stärksten?
Wenn Sie Ihre inneren Bilder nicht bewußt sehen, verarbeiten Sie diese noch auf einer unbewußten Ebene. Stellen Sie sich für diesen Fall einfach vor, Sie würden Ihre Bilder bewußt sehen können.

2. Stellen Sie sich nun einen kleinen Schwarzweißfernseher vor, einige Meter von Ihnen entfernt und links unten auf dem Boden.

3. Sehen Sie das Bild dieser Person jetzt in dem kleinen Schwarzweißfernseher. Was verändert sich in Ihrem Empfinden, wenn Sie diese Person als kleines schwarzweißes Bild, links unten auf dem Boden sehen? (In der Regel verringert sich das Unbehagen deutlich oder löst sich sogar vollständig auf.)

4. Lassen Sie jetzt mit geschlossenen Augen das Bild der Person wieder in der ursprünglichen Weise vor Ihrem geistigen Auge entstehen (z.B. im oberen Bereich des Sehfeldes, größer als real). Lassen Sie das Bild der Person dann schrumpfen, und sehen Sie es wieder in dem kleinen Schwarzweißfernseher, links unten einige Meter von Ihnen entfernt. Öffnen Sie dann die Augen, und schauen Sie sich eine Minute konzentriert im Raum um.

4. Die Welt der inneren Bilder

5. Wiederholen Sie Schritt 4 fünf- bis achtmal. Wichtig ist hierbei, daß Sie die Augen zu Beginn schließen und sie jeweils am Ende ungefähr eine Minute öffnen, bevor Sie zur nächsten Wiederholung gehen.
Die Wiederholungen trainieren Ihr Gehirn darin, diesen Vorgang in Zukunft automatisch zu vollziehen. Der ehemals „übermächtige" Angstgegner schrumpft in Ihrem Erleben damit wieder zu der normalen Person zurück, die er eigentlich ist. Und Sie können diesem Menschen zukünftig wieder mit der ganzen Kraft Ihrer Fähigkeiten gegenübertreten.

6. Stellen Sie sich nun vor, Sie würden mit diesem Menschen zusammentreffen. Wie erleben Sie die Situation jetzt?

Wenn Sie mit dem Ergebnis noch nicht zufrieden sind, wiederholen Sie Schritt 4 noch weitere Male. Manchmal sind häufigere Wiederholungen notwendig, um das gewünschte Ergebnis zu erzielen.
Es ist allerdings auch möglich, daß ein Mensch Unbehagen in Ihnen auslöst, weil Sie durch ihn unbewußt an eine andere Person erinnert werden. Die Erinnerung an tatsächlich angsteinflößende Menschen, vornehmlich aus unserer Kindheit, prägen sich oftmals tief ins Unterbewußtsein ein. Wenn nun eine Person äußerlich oder in ihrem Verhalten diesem Menschen ähnelt, werden lange vergessene Gefühle wachgerufen. Die „aktuelle Person" kann dann gar nichts dafür, daß sie diese Gefühle auslöst.

4. Die Welt der inneren Bilder.

Übung: Notfallschalter für unangenehme Bilder

Die auf den letzten Seiten beschriebene Vorgehensweise kann auch als eine Art „Notfallschalter" benutzt werden. Wann immer Sie die Wirkung eines inneren Bildes abschwächen möchten, werden Ihnen die folgenden vier Schritte eine rasche Hilfe sein. Dies gilt für Vorstellungen von Personen und Begebenheiten gleichermaßen.

1. Werden Sie sich des inneren Bildes bewußt, indem Sie Ihre Aufmerksamkeit auf Ort, Größe und Einzelheiten des Bildes richten.

2. Nehmen Sie wahr, welche Körperempfindungen dieses Bild in der jetzigen Beschaffenheit bei Ihnen auslöst.

3. Lassen Sie das Bild nun zu einem kleinen schwarzweißen Foto schrumpfen, das Sie links unten und einige Meter entfernt auf dem Boden sehen. Probieren Sie aus, wie klein das Bild werden muß, und wie weit es entfernt sein muß, damit sich das Unbehagen weitestgehend löst. Öffnen Sie die Augen und sehen Sie sich für ungefähr eine Minute konzentriert im Raum um.

4. Wiederholen Sie das „Schrumpfenlassen" so oft, bis sich das anfangs empfundene Unbehagen beim Vorstellen der Begebenheit oder der Person nicht mehr einstellt.

4. Die Welt der inneren Bilder

Bei vielschichtigeren Problemen kann es natürlich notwendig sein, auf einer tieferen seelischen Ebene zu arbeiten. Aber auch in diesen Fällen schaffen diese vier Schritte in der Regel Erleichterung und die Möglichkeit, das Problem mit mehr Abstand zu betrachten.

Eine Vorstellung in Form eines kleinen schwarzweißen Standbildes, links unten, einige Meter entfernt, löst bei den meisten Menschen ein Gefühl von „unberührt sein" aus. Dies gilt für schmerzhafte Erinnerungen ebenso wie für ängstigende Zukunftsvisionen. Selbst verzehrender Liebeskummer läßt sich lindern, wenn der/die Angebetete auf diese Weise im Inneren abgebildet wird.

Experimentieren Sie mit Farben! Testen Sie beispielsweise die Wirkung mehrerer Grundfarben auf einmal, oder lassen Sie ein Bild in allen Farben des Regenbogens erstrahlen. Sie können auch Einzelheiten des Bildes farblich verändern. Malen Sie beispielsweise einen Menschen komplett rosarot an, oder geben Sie ihm einfach einen orangefarbenen Kopf.

Übung: Innere Farben verändern

Farben haben eine starke Wirkung auf unser Empfinden. Mit der folgenden Übung können Sie dies nutzen, um die Wirkung störender Bilder zu verändern. Wählen Sie für diese Übung zu Beginn wieder eine Vorstellung aus, die bisher Unbehagen in Ihnen auslöste.

4. Die Welt der inneren Bilder

1. Nehmen Sie wahr, welche Körperempfindungen und Gefühle beim Betrachten dieser Vorstellung in Ihnen entstehen. Wo in Ihrem Körper können Sie diese am deutlichsten spüren?
   Lenken Sie Ihre Aufmerksamkeit auf die Farben des Bildes. Gibt es eine Grundfarbe, die vorherrscht? Wenn ja, welche? Wie wirkt sich diese Farbe auf Ihr Empfinden aus?

2. Stellen Sie sich nun vor, die Farben des Bildes würden sich in warme Blautöne verwandeln, so daß die Umrisse nur noch durch die unterschiedlichen Blautöne zu erkennen sind. Welche Veränderung tritt ein? Verfahren Sie auf die gleiche Weise mit den anderen Farben des Regenbogens: Rot, Orange, Grün, Gelb, Indigo und Violett. Merken Sie sich jeweils die Wirkung jeder Farbe auf Ihr Empfinden.

3. Mit welchem Farbton war die Vorstellung am angenehmsten? Stellen Sie sich nun mit geschlossenen Augen vor, wie sich die ursprünglichen Farben des Bildes nochmals in diesen Farbton verwandeln. Genießen Sie einige Augenblicke die angenehme Wirkung, und öffnen Sie dann die Augen. Warten Sie einige Sekunden, und wiederholen Sie diesen Schritt dann weitere fünf- bis achtmal. Achten Sie darauf, die Augen nach jedem Durchgang für einige Sekunden zu öffnen.

4. Welche Gefühle löst die Vorstellung jetzt in Ihnen aus, wenn Sie daran denken?

4. Die Welt der inneren Bilder

Übung: Ort und Entfernung verändern

Ort und Entfernung eines Bildes haben häufig einen entscheidenden Einfluß darauf, wie wir gefühlsmäßig reagieren. Mit dieser Übung können Sie herausfinden, an welcher Stelle Ihres „inneren Sichtfeldes" welche Gefühle angesprochen werden.

1. Wählen Sie eine Vorstellung aus, deren belastende Auswirkung Sie gerne verändern möchten. Finden Sie nun mit Hilfe des Rasters auf S. 32 heraus, an welcher Stelle genau Sie das Bild sehen.

- Sehen Sie es oberhalb, unterhalb oder in der Mitte der Sehachse?

- Sehen Sie es links, rechts oder in der Mitte?

- Wie weit von Ihrem Körper entfernt sehen Sie es?

2. Beginnen Sie jetzt, das Bild nacheinander an die nebenstehenden Stellen zu schieben. Notieren Sie jeweils, welche Veränderung der Ortswechsel in Ihren Gefühlen bewirkt.

3. Testen Sie jetzt die Wirkung der Entfernung. Schieben Sie das Bild dazu an die Stelle, welche Sie im zweiten Schritt am angenehmsten empfanden. Schieben Sie das Bild dann ausgehend von dieser Stelle:

4. Die Welt der inneren Bilder

Oberhalb der Sehachse

links   *Sehachse*   *rechts*

Unterhalb der Sehachse

---

oben links bewirkt: *oben Mitte bewirkt:*   *oben rechst bewirkt:*

Mitte bewirkt:

unten links   *unten rechts*
unten Mitte bewirkt:

- näher an Ihren Körper heran, so daß es beim Näherkommen immer größer wird und schließlich direkt vor Ihrer Nase Ihr gesamtes Sichtfeld einnimmt;

- weiter von Ihnen weg, so daß es mit zunehmender Entfernung immer kleiner wird, bis es schließlich nur noch ein kleiner Punkt ist.

4. Schieben Sie das Bild genau auf die Entfernung, die Sie am angenehmsten empfanden.

Wenn Sie erst einmal wissen, an welcher Stelle und wie weit entfernt ein Bild sein muß, damit es Sie nicht berührt, können Sie ein lästiges Bild zukünftig sehr schnell entmachten. Schieben Sie es einfach direkt an die Stelle und auf die Entfernung, die Sie in der Übung für sich entdeckt haben.

Innere Bilder auflösen

In den bisherigen Übungen haben wir uns damit beschäftigt, die Beschaffenheit der Vorstellungen zu verändern, während die Inhalte weiterhin gegenwärtig blieben. Mit den jetzt folgenden Kurzanleitungen können Sie hinderliche Vorstellungen ganz verschwinden lassen, indem Sie sie auflösen. So vorzugehen ist dann nützlich, wenn man von einer Vorstellung regelrecht „verfolgt" wird, beispielsweise einer Szene aus einem Film oder einem Zeitungsbild.

4. Die Welt der inneren Bilder

Allerdings gilt es hier, etwas Wichtiges zu beachten. Manchmal lassen uns innere Bilder nicht los, weil sie eine bedeutsame Botschaft enthalten. Bevor Sie also daran gehen, ein Bild zu zerstören, prüfen Sie vorab, ob dieses Bild in irgendeiner Weise noch für Sie wichtig ist und Ihnen deshalb immer wieder bewußt wird.

Der nachfolgende Test kann Ihnen dabei hilfreich sein:

Wie Sie prüfen, ob ein inneres Bild noch wichtig für Sie ist

1. Lassen Sie das Bild, das Sie auflösen wollen, vor Ihrem geistigen Auge erscheinen.

2. Stellen Sie sich die folgenden Fragen, *während* Sie das Bild im Inneren betrachten:

- *Soll mich dieses Bild auf etwas aufmerksam machen, das ich in Zukunft tun sollte, bzw. das ich zukünftig vermeiden soll?*

- *Enthält das Bild eine andere wichtige Botschaft für mich?*

Wenn Sie als Antwort auf eine dieser Fragen ein *Ja* erhalten, sollten Sie die folgenden Übungen *nicht* durchführen!

In einem solchen Fall ist es sinnvoller, sich mit der Botschaft des Bildes auseinanderzusetzen. Mit den folgenden Fragen und in einem leicht entspannten Trancezustand können entsprechende Botschaften sanft an die Bewußtseinsoberfläche steigen (Anleitungen für leichte Trancezustände finden Sie im Kapitel *Erlebnis Meditation*).

Was genau soll ich in Zukunft tun bzw. vermeiden? Was genau will mir diese Vorstellung sagen? Was muß ich machen bzw. verändern, damit ich diese Vorstellung loslassen kann?

Übung: Hell – Dunkel

1. Stellen Sie sich nun vor, das Bild würde dunkler werden. So wie beispielsweise ein Bild auf einem Fernsehschirm dunkler wird, wenn Sie den Kontrast immer schwächer werden lassen. Schließlich ist das Bild so dunkel, daß Sie nichts mehr erkennen können.

   Oder lassen Sie das Bild heller werden. Stellen Sie sich zum Beispiel vor, ein helles Licht würde die Umrisse innerhalb des Bildes immer mehr überstrahlen. Schließlich ist das Bild so hell, daß darauf nichts mehr zu erkennen ist.

2. Schieben Sie das vollkommen dunkle bzw. das vollkommen helle Bild nun auf den Boden. Drücken Sie es dann nach hinten, so daß es sich immer weiter von Ihrem Körper entfernt. Lassen Sie es so weit weggehen, bis Sie nur noch einen kleinen Punkt sehen können, und es schließlich ganz verschwunden ist.

4. Die Welt der inneren Bilder

Übung: Einen Spiegel zerspringen lassen

1. Stellen Sie sich vor, Sie würden das Bild in einem Spiegel sehen, oder es wäre auf einen Spiegel gemalt.

2. Werfen Sie nun aus einer sicheren Entfernung einen schweren Gegenstand in diesen Spiegel. Sehen Sie, wie der Spiegel mit dem Bild dabei in tausend Stücke zerspringt. Wenn Sie möchten, können Sie die Scherben in Ihrer Vorstellung aufkehren und in einem Behälter für „geistigen Sondermüll" entsorgen.

Übung: Bilder verbrennen

1. Verbrennen Sie nun das Bild! Stellen Sie sich beispielsweise vor, Sie halten ein angezündetes Streichholz an das Bild, so daß es zu glimmen beginnt, sich immer schwärzer verfärbt, einrollt und schließlich zu einem Häufchen Asche wird. Oder stellen Sie sich ein Feuer vor, zum Beispiel ein gemütliches Feuer in einem Kamin. Werfen Sie das Bild in dieses Feuer, und beobachten Sie genüßlich, wie es in der Hitze vergeht.

2. Lassen Sie nun einen erfrischenden Wind durch Ihre Vorstellung wehen, der die Asche mit sich fortträgt und Sie mit gereinigtem und klarem Geist zurückläßt.

4. Die Welt der inneren Bilder

Übung: Bilder zerfließen lassen

1. Stellen Sie sich nun vor, auf das Bild würde Wasser tropfen. Die Farben zerfließen dabei wie ein Wasserfarbenbild, das im Regen liegt und zerläuft. Zum Schluß bleibt nur noch ein Farbklecks übrig, in dem nichts mehr zu erkennen ist. Manchmal kann ein solcher Farbklecks übrigens einen gewissen Reiz haben.

2. Wenn Sie auch den Farbklecks verschwinden lassen wollen, schieben Sie das Bild einfach nach unten und hinten weg, bis nur noch ein kleiner Punkt zu sehen ist und es dann schließlich ganz verschwindet. Oder lassen Sie es einfach durch einen „geistigen Abfluß" verschwinden.

4.2 Erkennen Sie sich selbst?!

Erkennen Sie sich selbst? Wenn man diese Aussage als Frage liest und auf das eigene Spiegelbild bezieht, scheint sie sich sehr einfach beantworten zu lassen. Schließlich ist fast jeder in der Lage, sich auf einem Foto oder im Spiegel wiederzuerkennen. Gehen wir der Frage allerdings auf einer tieferen Ebene nach, kommt oftmals Unerwartetes zum Vorschein.

Auf dieser tieferen Ebene finden wir das eigene Selbstbild: Das Bild, das jeder bewußt oder unbewußt von sich selbst hat. Nun könnte man davon ausgehen, daß dieses innere Selbstbild natürlicherweise mit dem eigenen Spiegelbild übereinstimmt. Die Frage ist hier allerdings: Tut es das wirklich? Oder unterscheidet sich das Bild, das ein Mensch im Inneren von sich hat, von dem, wie er äußerlich tatsächlich aussieht? Mit der nachfolgenden Übung können Sie herausfinden, wie es mit Ihrem Selbstbild steht.

1. Nehmen Sie sich einige Minuten Zeit und betrachten Sie Ihr Spiegelbild in einem großen Spiegel. Sehen Sie dabei sehr genau hin. Betrachten Sie die einzelnen Teile Ihres Körpers sorgfältig, und nehmen Sie auch Ihre Körperhaltung wahr. Schauen Sie besonders auf die Einzelheiten Ihres Gesichtes, wie beispielsweise der Ausdruck Ihrer Augen, wie Ihre Mundpartie wirkt usw.
2. Nehmen Sie nun, während Sie sich betrachten, wahr, was in Ihnen geschieht. Stellt sich auch bei genauem

4. Die Welt der inneren Bilder

Hinschauen ein Gefühl von „wieder-erkennen" ein, oder ist es eher eine befremdliche Erfahrung? Oder haben Sie gar den Eindruck, daß Sie sich gar nicht richtig sehen können?

Viele Menschen reagieren eher befremdet, wenn sie ihr äußeres Erscheinungsbild ganz bewußt betrachten. So als ob das, was sie da im Äußeren sehen, nicht wirklich zu ihrem Inneren paßt. Als würde ihre Erscheinung zum Teil oder als Ganzes ihre Persönlichkeit nicht so widerspiegeln, wie sie eigentlich ist.

Nun sollte man meinen, ein solches Mißverhältnis müßte doch jeden Tag ins Auge springen, spätestens beim unvermeidbaren Blick in den Spiegel. Doch unser Unterbewußtes ist hier sehr erfinderisch. Wenn es darum geht, Belastendes aus dem Bewußtsein zu verdrängen, vollbringt es geradezu erstaunliche Leistungen.

Es ist beispielsweise in der Lage, bestimmte Dinge einfach „auszublenden". Unerwünschte Aspekte werden schlicht aus der Wahrnehmung gelöscht. Wir sehen dann zwar das eigene Spiegelbild, aber in „zensierter" Form. Die Möglichkeiten, dies zu bewerkstelligen, sind recht vielfältig. Drei der häufigsten Varianten sind:

- Man konzentriert sich beim Ansehen des eigenen Körpers auf Einzelheiten. Beim Rasieren etwa nur auf die kleine Gesichtsfläche, die gerade enthaart wird; oder beim Anziehen darauf ob der BH auch richtig sitzt. Das Wahrnehmen eines Gesamteindruckes wird auf diese Weise effektiv vermieden.

4. Die Welt der inneren Bilder

- Man sieht entsprechende Körperpartien nur verschwommen, wie durch eine milchige Scheibe. Umrisse sind dadurch nicht genau, sondern nur vage zu erkennen (es bleibt dem scharfen Blick so einiges erspart).
- Ebenfalls sehr wirksam sind automatische „Weggguck-Bewegungen". Wenn das Auge sich dem entsprechenden Körperteil zu nähern droht, erfolgt automatisch eine Umlenkung des Blickes. In manchen Fällen kann es sogar scheinen, als würden sich die Augen geradezu weigern, die betroffene Stelle genauer zu betrachten. Selbst wenn man wollte, würde es gar nicht gehen!

Konnten Sie sich in einer der Beschreibungen wiederfinden? Es ist schon erstaunlich – wenn man bedenkt, wie oft wir heutzutage in einen Spiegel schauen, ist dieses Ausblenden schon eine sehr beachtliche Leistung unseres Unterbewußtseins.

Aber auch das wirksamste Ausblenden eines unerwünschten Merkmals ändert nichts an der Tatsache, daß es vorhanden ist. Diese Selbsttäuschung führt vielmehr zu einer kräftezehrenden inneren Spannung. Und oftmals liegt gerade in dem, was wir partout nicht sehen wollen, eine grundlegende Selbsterkenntnis und eine große Stärke. Haben Sie also den Mut, näher hinzuschauen, und erkennen Sie sich selbst! Die folgenden Fragen können Sie darin unterstützen, sich Ihrem Selbstbild zu nähern:

4. Die Welt der inneren Bilder

Welchen Teil Ihres Erscheinungsbildes haben Sie bisher aus Ihrer Wahrnehmung verdrängt? Ist es eher ein unveränderliches Merkmal, wie Körpergröße oder Form der Nase? Oder ist es mehr eine Facette Ihrer Persönlichkeit, die sich in einem körperlichen Ausdruck äußert, wie beispielsweise Körperhaltung oder ein generell trauriger Ausdruck in den Augen?
Wenn Sie diesen Teil Ihres Äußeren so annehmen könnten, wie er ist, was würde das für Sie bedeuten? Müßten Sie etwas anerkennen, das Sie bisher nicht wahrhaben wollten?
Was würde sich in Ihrem Leben verändern, wenn Sie diesen Aspekt akzeptieren könnten? Was könnte dadurch aufhören, das Sie bisher mühsam am Leben erhalten mußten? Was könnte neu beginnen, das bisher nicht möglich war?
Wenn Sie sich so annehmen könnten, wie Sie wirklich sind, wie wird es sein?

Wenn Sie sich mit diesen Fragen beschäftigen, kann Ihnen sehr plötzlich eine Erkenntnis vor Augen stehen. Auch ein sanfter Prozeß, der über einen längeren Zeitraum hinweg Veränderungen schafft, ist möglich. Schauen Sie bei Ihrem täglichen Blick in den Spiegel ab und zu einmal etwas genauer hin. Und spüren Sie vielleicht dabei von Zeit zu Zeit der einen oder anderen Antwort nach.

4.3 Intensivieren Sie Ihre Bilderwelt

Es gibt Menschen, die mit ihren inneren Bildern fast alles machen können. Die Farbe verstärken, Helligkeit und Entfernung verändern, sie zerspringen lassen und wieder zusammensetzen, sie auf den Kopf stellen, zweidimensional oder dreidimensional sehen, innere Filme rückwärts laufen lassen – und vieles, vieles mehr.

Manche Menschen haben sogar eine so starke bildliche Vorstellungskraft, daß sie Gesichter von Menschen im Inneren so sehen können, als würden sie eine Fotografie betrachten. Für einige von uns ist das kaum vorstellbar. Doch wie bereits anfangs angesprochen, werden die drei Wahrnehmungsweisen Sehen, Hören und Fühlen von uns Menschen unbewußt unterschiedlich stark genutzt. Aber wir können lernen, bislang brachliegende Fähigkeiten zu nutzen, sie trainieren und ausbauen, um so das innere Erleben lebendiger zu gestalten.

Nachfolgend nun einige Tips und Hinweise, wie Sie das innere Sehen üben oder einzelne Aspekte verstärken können.

Übung: Bildliches Vorstellen allgemein

Bildhaftes Vorstellen basiert auf der Fähigkeit, sich an tatsächlich Gesehenes erinnern zu können und diese inneren Bilder in der Phantasie verändern zu können. Inneres Sehen können Sie daher üben, indem Sie Ihre Erinnerungsfähigkeit gezielt trainieren. Diese Übung ist hierfür sehr gut geeignet.

1. Stellen Sie einen Gegenstand in Augenhöhe ab, zum Beispiel auf ein Regal. Setzen Sie sich dann so davor, daß Sie nach oben schauen müssen, um den Gegenstand zu sehen. Achten Sie darauf, den Kopf ganz geradezuhalten und nur die Augen nach oben zu bewegen.

2. Halten Sie die Augen jetzt auf den Gegenstand gerichtet. Schließen und öffnen Sie die Augen so lange in einem gleichmäßigen Rhythmus, bis Sie den Gegenstand auch dann noch sehen können, wenn Sie die Augen geschlossen haben. Probieren Sie für sich aus, ob Ihnen das Erinnern leichter fällt, wenn Sie sich so setzen, daß Sie

    - den Gegenstand links oben sehen,

    - den Gegenstand rechts oben sehen.

Anfangs kann es schwierig sein, das Bild auch mit geschlossenen Augen zu halten. Wenn Sie die Übung aber öfter durchführen, werden Sie feststellen, es wird immer leichter. Nehmen Sie anfangs zum Üben schlichte Gegenstände, und gehen Sie erst dann zu komplizierteren Formen über.

Übung: Farbintensität eines Bildes

Ein farbiges Bild schwarzweiß werden zu lassen oder umgekehrt, können Sie wunderbar mit Hilfe eines Farbfernsehers und der dazugehörigen Fernbedienung üben.

1. Setzen Sie sich dazu entspannt vor den Fernseher. Richten Sie Ihre Aufmerksamkeit ganz auf das Fernsehbild. Lassen Sie das farbige Fernsehbild mittels der entsprechenden Taste auf der Fernbedienung langsam schwarzweiß werden.

2. Schließen Sie dann die Augen, und erinnern Sie sich so gut es geht an das eben Gesehene.

3. Stellen Sie dann das Fernsehbild wieder farbig, und wiederholen Sie den oben beschriebenen Vorgang.

Auch hier gilt, Übung macht den Meister. Je öfter Sie diese Übung durchführen, desto leichter wird Sie Ihnen fallen. Verfahren Sie auf umgekehrte Weise, um zu üben, wie Sie ein schwarzweißes Bild in Ihrem Inneren farbig werden lassen.

Übung: Helligkeit eines Bildes

Auch die Helligkeit eines Bildes kann sehr gut mit einem Fernseher samt Fernbedienung geübt werden. Gehen Sie dabei wie in der Übung vor, und benutzen Sie nun die Taste für den Kontrast des Fernsehbildes, um die Helligkeit zu verändern.

Übung: Entfernung eines Bildes

Ein Bild näher heranzuholen oder weiter wegzuschieben, kann mit den folgenden Übungen trainiert werden.

1. Richten Sie Ihre Augen auf einen bestimmten Gegenstand. Gehen Sie nun langsam einige Meter zurück, während Sie den Gegenstand weiterhin im Auge behalten.

2. Schließen Sie nun die Augen und erinnern Sie sich daran, wie sich die Perspektive veränderte, während Sie sich von dem Gegenstand entfernten.

3. Beobachten Sie Autos, Motorräder, Züge und ähnliches, wenn sie sich von Ihnen entfernen. Schließen Sie auch hier die Augen, und erinnern Sie sich an das Gesehene.

Um zu lernen, wie ein Bild näher zu Ihnen kommt, wenden Sie die Übungen umgekehrt an. Das heißt, gehen Sie

4. Die Welt der inneren Bilder

diesmal auf den Gegenstand zu bzw. beobachten Sie Autos, Züge usw., die auf Sie zukommen. **Nehmen Sie sich jeweils einen Moment Zeit, um das Gesehene mit geschlossenen Augen zu erinnern.**

Computer-Animationen sind vortreffliche Lehrmeister, wenn es um das Steigern der bildlichen Vorstellungskraft geht. Besonders ausgefallene Tricktechniken, wie das dreidimensionale Darstellen eines Gegenstandes im Raum, können zur Schulung der visuellen Vorstellungskraft genutzt werden.

Die „Realität" bietet eine unerschöpfliche Spielwiese, auf der Sie Ihre Vorstellungskraft verbessern können. Wenn Sie genau beobachten, was und wie Sie mit offenen Augen sehen, fallen Ihnen sicher noch weitere Übungen ein.

4.4 Gewußt wie – ein Überblick über das, was wirkt

Bei den Submodalitäten – den feinsten für uns wahrnehmbaren Unterschieden im inneren Erleben – kommt es auf *den Unterschied an, der die gewünschte Veränderung bewirkt.* Oder, wie wir im NLP sagen: *Finde den Unterschied, der den Unterschied macht!* Auf einige Submodalitäten reagieren Menschen sehr verschieden, beispielsweise die Positionierung eines Bildes im inneren Gesichtsfeld. Andere wirken bei den meisten von uns auf ähnliche Weise. Hier nun die wichtigsten dieser Submodalitäten und ihre Wirkung auf einen Blick:

Farbintensität
Farben wirken sich belebend und gefühlsverstärkend aus. Angenehme Vorstellungen lassen sich auf diese Weise steigern. Finden Sie für sich heraus, welche Farbintensität bei der jeweiligen Vorstellung angenehm ist.

Schwarzweiß
Farblose Bilder schwächen erfahrungsgemäß die Wirkung eines Bildes ab. Sie können unangenehme Vorstellungen dämpfen, indem Sie diese schwarzweiß werden lassen.

4. Die Welt der inneren Bilder

Hell und dunkel

Helle, lichtdurchflutete Bilder wirken eher freundlich. Wenn in ein Bild Sonnenlicht einzufallen scheint, hat es häufig eine befreiende, heiter stimmende Auswirkung. Dunkelheit wird dagegen meistens als bedrohlich oder bedrückend erlebt.

Entfernung

Mit zunehmender Entfernung berührt ein Bild immer weniger, je näher es ist, desto stärker wirkt es. Aber – wenn ein ansonsten angenehmes Bild direkt vor der Nase ist, wird es oftmals als unangenehm empfunden.

Bildgröße

Die Größe eines Bildes wirkt sich auf die Stärke des Gefühls aus. Während ein kleiner werdendes Bild das Gefühl gewöhnlich abschwächt, wirkt ein größer werdendes Bild häufig gefühlsverstärkend. Überschreitet die Bildgröße allerdings eine bestimmte Dimension, läßt die Wirkung bei den meisten Personen nach.

Standbild – Film

Ein bewegungsloses Bild wirkt weniger lebendig als ein Film. Angenehme Vorstellungen werden daher verstärkt, wenn sie in „bewegten Bildern" gesehen werden. Die Wirkung von störenden oder belastenden Vorstellungen dagegen nimmt ab, wenn die Bilder zu einem Standbild „erstarren".

Von außen oder mittendrin

Sie können eine Situation „von außen" betrachten oder sie so erleben, als wären Sie jetzt gerade mittendrin. Ersteres bewirkt eine Abschwächung der Gefühle, letzteres eine Intensivierung. Bei belastenden Vorstellungen sollten Sie daher die Situation von außen betrachten, wie einen Film im Kino. Wohltuende Vorstellungen können Sie noch mehr genießen, wenn Sie diese so erleben, als wären Sie gerade mittendrin.

5. Ihre innere Klangwelt

5.1 Umgang mit kritischen Stimmen

Oftmals machen uns kritische innere Stimmen sehr zu schaffen. Dies können sowohl Stimmen aus unserer Kindheit sein als auch aus unserer Gegenwart. Manchmal ist es nicht möglich, sie einer bestimmten Person zuzuordnen. Die folgenden Übungen bieten verschiedene Vorgehensweisen an, mit denen diese kritischen Stimmen entmachtet werden können. Wenn Sie innere Stimmen haben, deren Wirkung Sie gerne entschärfen möchten, probieren Sie einfach aus, welche der Übungen das gewünschte Ergebnis bringt.

Übung: Stimmen besingen und verzerren

Die folgende Übung ist eine sehr humorvolle Art, unangenehme Stimmen zu entmachten. Man singt einfach die Worte, die die Stimme gebraucht, oder läßt die Stimme schneller bzw. langsamer laufen und verzerrt sie auf diese Art. Damit wird das Arbeiten an einer bisher unangenehmen inneren Stimme zu einem wahren Spaß für Sie!

1. Lauschen Sie der Stimme im Inneren, deren unangenehme Wirkung Sie verändern möchten.

2. Lassen Sie die Stimme nun schneller laufen, bis sie sich

5. Ihre innere Klangwelt

anhört, als ob Micky Maus zu Ihnen sprechen würde. Was verändert sich für Sie, wenn Sie diese lustige Stimme die entsprechenden Worte sagen hören?

3. Hören Sie die Stimme wieder so, wie sie zu Anfang geklungen hat. Beobachten Sie, ob die Stimme jetzt noch die gleiche Macht über Sie hat wie zuvor, oder ob bereits eine Veränderung eingetreten ist.

4. Lassen Sie die Stimme jetzt im Inneren langsamer laufen, bis sie ein unverständliches Leiern ist. Welche Wirkung hat diese Veränderung auf Sie?

5. Hören Sie die Stimme nun wieder in ihrer ursprünglichen Form. Wie fühlt es sich nun an, die Worte zu hören?

6. Suchen Sie sich jetzt eine Melodie, die Ihnen gefällt. Sehr wirkungsvoll sind lustige Lieder, wie beispielsweise eine Melodie aus Disneys Dschungelbuch „Probier's mal mit Gemütlichkeit", „Ich möcht' so sein wie Du" oder ähnliches.

7. Beginnen Sie nun, die Worte, die die Stimme ursprünglich sagte, auf diese Melodie laut zu singen. Singen Sie so lebhaft und so lange, wie Sie können.

Was ist anders, wenn Sie die ursprüngliche Stimme mit ihren typischen Sprüchen jetzt noch einmal erinnern? In den meisten Fällen hat diese Stimme ihre unangenehme Wirkung völlig verloren.

Übung: Mit der eigenen Stimme sprechen

1. Lassen Sie die Stimme in Ihrem Inneren zu Wort kommen, deren unangenehme Wirkung Sie verändern möchten. Orten Sie, von wo die Stimme kommt.

- Hören Sie die Stimme in Ihrem Kopf oder außerhalb?

- Kommt sie eher von vorne oder von hinten?

- Eher von rechts oder von links?

- Eher von unten oder von oben?

2. Was genau sagt diese Stimme? Notieren Sie sich die Worte.

3. Stellen Sie sich nun vor, diese Stimme würde von ihrem ursprünglichen Platz zu Ihren eigenen Stimmbändern wandern. Sprechen Sie die Worte jetzt mit Ihrer eigenen Stimme laut aus. Wichtig ist hierbei, anstelle von „du" „ich" einzusetzen, wie in den folgenden Beispielen beschrieben:

- aus „Du bist ein Versager" würde „Ich bin ein Versager"
- aus „Du kannst das sowieso nicht" würde „Ich kann das sowieso nicht"
- aus „Du taugst zu nichts" würde „Ich tauge zu nichts" usw.

5. Ihre innere Klangwelt

Welche Veränderung stellt sich ein, wenn Sie die Worte laut aussprechen und dabei die Sätze mit „ich" formulieren? Welche Wirkung hat die Aussage dann auf Sie?

Hören Sie die Worte nun noch einmal vom Ausgangsort. Wie wirken die Worte jetzt? In der Regel stellt sich bereits nach einem Durchgang ein neutrales Gefühl ein und/oder das Bewußtsein, daß diese Aussage nicht stimmt. Das geht bis hin zu einem herzlichen Lachen, weil das Gesagte nun einfach lächerlich wirkt.

Wenn das Ergebnis noch nicht Ihren Wünschen entspricht, wiederholen Sie Schritt 3 bis 4 nochmals, bis die von Ihnen angestrebte Wirkung eintritt.

Übung: Verändern des Ortes

1. Lauschen Sie im Inneren auf die Stimme, deren unangenehme Wirkung Sie gerne verändern würden. Von woher kommt die Stimme? Hören Sie die Worte:

- Im Kopf oder außerhalb?

- Eher von vorne oder von hinten?

- Eher von rechts oder von links?

- Von unten oder von oben?

2. „Verschieben" Sie die Stimme jetzt auf einen anderen Platz. Wenn Sie sie vorher im Kopf gehört haben, schieben Sie sie nach draußen; wenn sie von rechts

5. Ihre innere Klangwelt

kam, schieben Sie sie nach links; usw. Probieren Sie auch alle möglichen Kombinationen aus, wie beispielsweise **links vorne unten, außerhalb des Kopfes,** oder **rechts hinten oben, im Kopf.** Achten Sie jeweils darauf, wie sich Ihre Gefühle verändern.

3. Wenn Sie alle möglichen Orte ausprobiert haben, schieben Sie die Stimme an die Stelle, bei der Sie sich am wohlsten fühlen.

Übung: Die Nörgelstimme abstellen

Eine sehr einfache aber wirkungsvolle Methode, mit der Sie inneres Nörgeln abstellen können, ist die Veränderung der Körperhaltung. Wenn Sie ab und zu mit einer nörgelnden Stimme in Ihrem Inneren zu kämpfen haben, wird die folgende Übung schnell Abhilfe schaffen.

1. Nehmen Sie folgende Körperhaltung ein: Oberkörper nach vorne hängen lassen, den Kopf nach unten neigen und nach unten links schauen (Linkshänder nach unten rechts).

2. Fangen Sie nun an zu nörgeln, und achten Sie dabei darauf, wie sich Ihre Laune und Ihr gesamtes Befinden verändern.

3. Verändern Sie nun Ihre Körperhaltung, während Sie weiterhin versuchen, über das Thema von vorher zu

5. Ihre innere Klangwelt

> nörgeln: Lehnen Sie Ihren Oberkörper bequem zurück, Beine ausstrecken, Arme hinter den Kopf, und blicken Sie zur Decke. Atmen Sie dabei tief und ruhig durch. Was geschieht mit Ihrer Nörgelstimme? Welche Veränderungen machen sich bereits nach kurzer Zeit bemerkbar?

Sie werden schnell feststellen, daß in dieser Haltung die übliche Nörgelei nicht möglich ist. Wenn sich die gewünschte Veränderung nicht gleich einstellt, bleiben Sie einfach einige Zeit in dieser Haltung sitzen, bis die Nörgelstimme ihre Wirkung verliert. Bei ausgeprägtem „Nörgelnotstand" können Sie mit der Übung der inneren Nörgelei schnell ein Ende bereiten. Durch stetes Training erreichen Sie, daß sich der Nörgler allmählich in Wohlgefallen auflöst.

5.2 Wie sprechen Sie eigentlich mit sich selbst?

Diese Frage mag spontan vielleicht etwas merkwürdig anmuten. Wenn wir uns allerdings genauer mit ihr beschäftigen, wird deutlich, welch großen Einfluß die Art, in der wir im Inneren mit uns reden, auf unser gesamtes Befinden hat.
Bissige oder entmutigende Kommentare beispielsweise können eine mühsam aufgebaute Motivation innerhalb eines Momentes zum Einsturz bringen. Die folgende Übung kann Ihnen dies veranschaulichen.

Übung: Die innere Stimmlage einordnen

1. Denken Sie an etwas, das Sie gerne tun würden, von dem Sie sich aber nicht ganz sicher sind, daß Sie es schaffen. Stellen Sie sich vor, wie Sie dieses Ziel angehen und all das erledigen, was notwendig ist, um es zu erreichen. Malen Sie sich genau aus, wie schön es sein wird, es bereits geschafft zu haben. Wenn Sie spüren, daß Sie Lust dazu bekommen, es anzugehen, und/oder das Gefühl, daß Sie es schaffen können, gehen Sie zum nächsten Schritt über.

2. Kommentieren Sie das Ganze nun innerlich mit einer entmutigenden Bemerkung. Sagen Sie mit bissiger Stimme einen Satz zu sich wie beispielsweise: „Ich

5. Ihre innere Klangwelt

glaube eigentlich nicht, daß das geht!", „Ausgerechnet du willst das schaffen?" oder etwas ähnliches. Was geschieht mit Ihrer Lust, diese Sache anzugehen, beziehungsweise dem Gefühl, es schaffen zu können? In den meisten Fällen schmelzen die Selbstsicherheit und der Antrieb in Sekundenschnelle in sich zusammen. Dies ist nur ein Beispiel dafür, welchen zersetzenden Einfluß die eigene Stimme auf unser Befinden haben kann.

Lassen Sie uns doch einmal näher betrachten, in welchen Situationen Sie wie mit sich sprechen. Es wird Ihnen schnell bewußt werden, daß der Klang Ihrer eigenen Stimme und die Wahl der Worte unmittelbar auf Ihre Gefühle einwirken. Die folgenden Fragen sind ein erster Schritt, um sich dieser Wirkung bewußt zu werden.

1. Wie reagieren Sie innerlich, wenn Sie einen Fehler gemacht haben? Schimpfen Sie mit sich selbst, wenn ja:
- Wie klingt Ihre Stimme?
- Welche Worte benutzen Sie?
- Wie lange hält die Standpauke an?

2. Sprechen Sie mit sich selbst, wenn Sie
- traurig,
- unglücklich,
- ängstlich
  usw. sind?

- Gibt es weitere Situationen, in denen Sie mit sich reden? Welche Worte gebrauchen Sie dabei, und wie klingt Ihre Stimme in solchen Augenblicken?

5. Ihre innere Klangwelt

Beispiel

Situation: *einen Fehler gemacht*
Wortwahl: *„Muß ich denn immer alles falsch machen!"*
Klang der Stimme: *scharf, vorwurfsvoll, aggressiv*
Wirkung: *fühle mich niedergeschlagen*

Legen Sie sich eine Seite mit den oben aufgeführten Punkten (Situation, Wortwahl, Klang der Stimme, Wirkung) an, und notieren Sie darauf die Antworten auf diese Fragen, wie im Beispiel gezeigt. Sie können damit eine anschauliche Bestandsaufnahme Ihrer bisherigen Umgangsform mit sich selbst erstellen. Oftmals kommt hier die eine oder andere Überraschung ans Tageslicht.

Nach dieser Bestandsaufnahme ist der nächste Schritt, die Wirkung unterschiedlicher Stimmqualitäten und Worte auszutesten. Das Ziel ist hierbei, einen Klang und eine Wortwahl zu finden, die Sie in den jeweiligen Situationen als förderlich und unterstützend erleben.

Wenn Sie sich beispielsweise in einem nervösen Zustand bisher mit einer scharfen, vorwurfsvollen Stimme zur Ruhe ermahnt haben, und das die Nervosität nur noch erhöhte, können Sie über die nachfolgenden Übungsschritte einen hilfreicheren Umgangston finden.

Die Beispiele sollen hierbei als Ideenquell und zur Anregung dienen:

- *Aus einem panischen „Das geht sowieso schief!" könnte ein ruhiges, aber waches „Ich bin jetzt aufmerksam und tue, was zu tun ist" werden.*

5. Ihre innere Klangwelt

- *Aus einem niederschmetternden „Ich bin ein Versager!" könnte ein freundliches, aber bestimmtes „Diese Aufgabe konnte ich noch nicht bewältigen, was kann ich daraus lernen?" werden.*

- *Aus einem entmutigenden „Ich kann das sowieso nicht!" könnte ein anspornendes „Mal sehen, wie ich das hinbekomme!" werden.*

Übung: Die innere Stimmqualität ändern

1. Wählen Sie eine Situation aus, in der die Art, wie sie bisher mit sich sprachen, nicht zu dem gewünschten Ergebnis führte.

2. Stellen Sie sich nun die ausgesuchte Situation so lebhaft wie möglich vor. Sprechen Sie dabei mit genau der Stimme und den Worten mit sich, wie Sie es in der Vergangenheit getan haben. Achten Sie dabei darauf, welche Wirkung diese Sprechweise auf Sie hat.

3. Beginnen Sie nun, die Qualität Ihrer Stimme zu verändern, bis Sie eine deutliche Veränderung hin zu dem gewünschten Ergebnis spüren. In unserem oben genannten Beispiel von Nervosität wäre dies ein Gefühl von „ruhiger werden".

4. Verändern Sie nun die Worte, die Sie sich selbst sagen. Wählen Sie dabei Ausdrücke, die zu der angenehmen, förderlichen Stimmqualität passen. Probieren Sie un-

5. Ihre innere Klangwelt

terschiedliche Aussagen und Worte im Hinblick auf Ihre Wirkung aus. Optimal ist eine Wortwahl, die das angestrebte Gefühl noch verstärkt.

Wenn Sie eine Stimmqualität und Worte gefunden haben, die Ihnen helfen, den gewünschten Gefühlszustand zu erreichen, nehmen Sie sich einige Minuten Zeit, um diesen neuen Umgangston mit sich selbst zu üben.

5. Erinnern Sie sich dazu zuerst an eine entsprechende Situation in der Vergangenheit, in unserem Beispiel wäre das ein Moment, in dem Sie nervös waren. Stellen Sie sich diesen Moment wieder so lebhaft wie möglich vor.

Reden Sie nun in der neuen Stimmqualität und den neuen Worten mit sich selbst, bis der angestrebte Gefühlszustand erreicht ist. Genießen Sie einige Augenblicke diese von Ihnen bewirkte Veränderung.

6. Wiederholen Sie Schritt 5 mit weiteren vergangenen Erlebnissen, bis Sie merken, daß Ihnen die neue Art, mit sich zu sprechen, vertraut wird.

7. Wiederholen Sie nun Schritt 5 + 6 mit möglichen *zukünftigen* Situationen, bis Ihnen Ihr neuer Umgangston mit sich selbst natürlich und ganz vertraut erscheint.

Wiederholen Sie die gesamte Übung mit allen Lebenslagen, in denen Sie angenehmere und erfolgreichere Umgangsformen mit sich selbst erreichen möchten.

5. Ihre innere Klangwelt

Da es sich mit Spaß am besten lernt, sollten Sie nur so lange üben, wie Sie Lust dazu haben. Die Übung kann problemlos in mehrere Etappen zerlegt werden. Sie können Ihren neuen Umgangston mit sich selbst auch immer mal zwischendurch üben, in Ihrer Vorstellung, oder auch in der Realität, wenn das Leben Ihnen eine geeignete Gelegenheit dafür bietet.

5.3 Lernen Sie die Klangmöglichkeiten Ihres Inneren kennen

Musiker sind in der Lage, Melodien und Rhythmen im Inneren zu hören, als kämen sie direkt aus einer Musikanlage. Stellen Sie sich einmal vor, Sie könnten jeden beliebigen Klang in sich erzeugen, jede Art von Musik innerlich „abspielen". Zum Beispiel Melodien, die Sie morgens auf Trab bringen oder solche, die entspannend auf Sie wirken. Wie wäre es, wenn Sie innerlich jederzeit Geräusche herstellen könnten, wie beispielsweise beruhigendes Meeresrauschen oder anfeuernde Trommelrhythmen. Oder die Stimme eines geliebten Menschen im Inneren „abrufen" und ihm auf diese Weise nahe sein, auch wenn er nicht bei Ihnen ist. Sie können all dies bereits? Um so besser! Wenn Ihre innere Klangwelt aber noch nicht so vielfältig ist, wie Sie gerne möchten, finden Sie auf den folgenden Seiten wertvolle Anregungen und Übungen.

Klangliches Vorstellen im allgemeinen

Wie auch beim Vorstellen innerer Bilder, ist es für das Hören innerer Klänge wichtig, daß Sie sich an tatsächlich Gehörtes gut erinnern können. Die nachstehenden Übungen basieren deshalb auf dem Erinnern tatsächlich gehörter Klänge, sind jedoch nur eine Auswahl der vielen verschiedenen klanglichen Möglichkeiten. Auch hier finden Sie im ganz normalen Alltag wieder ein vielfältiges Angebot an Melodien, Geräuschen und Rhythmen. Und wenn Ihnen die folgenden Übungen Freude bereiten, möchte ich Sie dazu ermuntern, sich selbst ein paar auszudenken, mit denen Sie die Vielfalt Ihrer inneren Klangwelt weiter bereichern können.

Mono – Stereo – Dolby Surround

Der Monoklang kommt aus nur einer Richtung, als ob nur ein Lautsprecher zur Verfügung stehen würde – wie bei alten Radiogeräten. Bei den meisten Menschen schwächt ein Klang, der aus nur einer bestimmten Richtung kommt, Gefühle eher ab. Bei belastenden Vorstellungen, die von Klängen begleitet werden, können Sie dies für sich nutzen. Stellen Sie sich in einem solchen Fall vor, die Klänge/Geräusche würden aus nur einer Richtung kommen.
Stereo ist der Klang, der aus zwei verschiedenen Richtungen kommt, wie aus zwei Boxen einer Stereoanlage. Diese Art des inneren Hörens wirkt stärker auf die Gefühle als

5. Ihre innere Klangwelt

der Monoklang. Sie können daher wohltuende Vorstellungen verstärken, wenn Sie diese mit Klängen oder Geräuschen „in Stereo" unterlegen.

Dolby Surround ist der Klang, der von allen Seiten zu kommen scheint, wie bei der Tonausstattung in den neueren Kinos. Das reale Leben „klingt" vorwiegend im Dolby Surround *in bewegten Klängen.* Diese Art des inneren Hörens wird deshalb von den meisten Menschen als das intensivste klangliche Erlebnis erfahren. Wenn Ihr inneres Hören bisher eher weniger trainiert war, kann es einige Zeit dauern, bis Sie im Inneren in bewegten Klängen hören können. Nehmen Sie sich in diesem Fall einfach etwas mehr Zeit, es lohnt sich. Wenn Sie in der Lage sind, in Ihrer Vorstellung Dolby Surround zu hören, werden Sie dies als eine große Bereicherung Ihrer Klangwelt erleben.

Da inneres Erleben individuell ist, ist es nützlich, wenn Sie sich die Wirkung notieren, die jede Klangart auf Sie hat. Schreiben Sie jeweils auf, wie Klänge in Mono, Stereo und Dolby Surround auf Sie wirken, und welche Veränderungen sich bei Ihnen einstellen. Beispielsweise ein generell angenehmes oder unangenehmes Gefühl, oder wenn die Klangart sich gefühlsabschwächend Aufmerksamkeit fördernd, beruhigend, entspannend usw. auswirkt. Wenn Ihre klangliche Vorstellungskraft dann so beweglich ist, daß Sie Ihre inneren Klänge bewußt steuern können, werden Ihnen diese Notizen wichtige Informationen liefern. Sie wissen in dem Fall bereits, wie Sie den Ton einstellen müssen, um eine gewünschte Gefühlsveränderung zu erreichen. Je mehr Sie über Ihr inneres

5. Ihre innere Klangwelt

Erleben wissen, desto gezielter können Sie darauf einwirken, es ausbauen und nach Ihren eigenen Wünschen gestalten. Nun einige Anregungen, wie Sie die einzelnen Klangarten trainieren können.

Übung: Monoklang-Hören im Inneren

Lauschen Sie in einem sonst ruhigen Zimmer dem Klang eines bestimmten Geräusches. Beispielsweise dem Tropfen eines offenen Wasserhahns oder dem Summen eines elektrischen Gerätes.
Bleiben Sie mit Ihrer Aufmerksamkeit für einige Zeit bei diesem Geräusch. Wie genau klingt es, wenn der Klang aus nur einer bestimmten Richtung kommt?
Stellen Sie die Geräuschquelle dann ab, und erinnern Sie sich an das eben Gehörte. Wiederholen Sie diesen Vorgang, so oft und so lange Sie Spaß daran haben.

Übung: Stereoklang-Hören im Inneren

Hierbei sind Kopfhörer eine große Hilfe. Wählen Sie zu Beginn einfache Klänge, wie das Rauschen des Meeres oder einfache Rhythmen. Lauschen Sie über die Kopfhörer aufmerksam diesen Klängen. Stellen Sie nach einiger Zeit den Klang im Äußeren ab, und erinnern Sie sich an das gerade Gehörte. Wiederholen Sie auch diesen Vorgang mehrfach.

5. Ihre innere Klangwelt

Übung: Dolby-Surround-Hören im Inneren

Um zu lernen, bewegte Klänge bewußt im Inneren vorzustellen, lauschen Sie einfach den Geräuschen Ihrer Umwelt. Richten Sie Ihre Aufmerksamkeit beispielsweise auf den Klang eines vorbeifahrenden Autos. Wie verändert sich das Motorengeräusch, wenn das Auto sich auf sie zubewegt, um sich dann wieder von Ihnen zu entfernen? Oder stellen Sie Ihre Stereoanlage an, und hören Sie Musik, während Sie sich langsam im Kreis drehen. Wie klingt es, wenn die Musik immer wieder aus einer anderen Richtung kommt? Nehmen Sie sich auch hier immer wieder ein wenig Zeit, um sich mit geschlossenen Augen an das Gehörte zu erinnern.

Auch bei diesen Übungen gilt natürlich: Je trainierter Sie sind, desto leichter fallen sie Ihnen. Wenn Ihr inneres Hören bisher nur wenig ausgebildet ist, haben Sie etwas Geduld mit sich. Nehmen Sie sich einfach mehr Zeit, um Übungen immer wieder einmal durchzuführen. Nach und nach werden Sie feststellen, daß Ihr klangliches Erinnerungsvermögen immer besser wird. Lassen Sie auch Ihrer Kreativität freien Lauf, und denken Sie sich immer wieder neue Übungen aus, die Ihnen Spaß machen und damit die Freude am „Training" erhalten. Je mehr Ihre Fähigkeiten im inneren Hören wachsen, desto leichter wird es Ihnen fallen, in Ihrer Vorstellung Klänge und Geräusche beliebig entstehen zu lassen und diese zu steuern.

5. Ihre innere Klangwelt

Übung: Lautstärke regeln

Ein innerer „Lautstärkeregler" kann von großem Vorteil sein. Die Abstufungen zwischen laut und leise bewirken bei vielen Menschen deutliche Gefühlsveränderungen.
Das Laut- und Leisestellen von inneren Klängen können Sie mit Hilfe einer Musikanlage und der dazugehörigen Fernbedienung üben. Auch ein Fernseher mit Fernbedienung ist dazu geeignet. Schließen Sie am besten die Augen, um sich ganz auf das Hören konzentrieren zu können. Lassen Sie dann unterschiedliche Klänge mittels der Fernbedienung lauter und leiser werden. Beginnen Sie dabei mit einfachen Klängen, wie dem Plätschern von Wasser, und gehen Sie allmählich zu vielschichtigeren Klängen wie Musik und Sprache über. Denken Sie daran, das tatsächliche Hören des jeweiligen Klanges im Äußeren mit dem Erinnern des Klanges im Inneren abzuwechseln.

Übung: Entfernung und Ort einstellen

Ähnlich wie beim Sehen eines Bildes, können auch beim Hören die Entfernung und die Richtung eines Klanges einen starken gefühlsmäßigen Unterschied bewirken.
Üben Sie, Klänge aus unterschiedlichen Richtungen und aus unterschiedlicher Entfernung zu hören, indem Sie mit verschiedenen Geräuschquellen experimentieren. Eine Musikanlage oder ein Fernsehgerät eignet sich hierzu sehr

gut. Stellen oder setzen Sie sich an unterschiedliche Plätze und in verschiedene Entfernungen von der jeweiligen Geräuschquelle, und hören Sie, wie es „von dort" klingt. Schließen Sie auch hierbei nach kurzer Zeit immer wieder die Augen, und erinnern Sie sich dann an den gerade gehörten Klang. Auch Klänge aus der Umwelt eignen sich zum Üben, beispielsweise das Geräusch einer feststehenden Maschine.

Übung: Rhythmische Klänge einsetzen

Den Ausdruck „ein Rhythmus, der ins Blut geht" kennen Sie sicherlich. Es gibt bestimmt auch mehrere Musikstücke oder Musikrichtungen, die eine starke Wirkung auf Ihr Befinden haben. Stellen Sie sich einmal vor, Sie könnten diese Musik unabhängig von einer äußeren Stereoanlage – in Ihrem Inneren – hören. Beispielsweise brasilianische Rhythmen, die das Blut in Wallung bringen und so helfen, ein körperliches Tief zu überwinden; oder einen bestimmten Musiktitel, der Ihnen ein Gefühl von Stärke und Durchhaltevermögen vermittelt und Sie damit anspornt.

Musik wirkt bei den meisten Menschen unmittelbar auf die Gefühle. Wenn Sie wissen, welche Art von Musik welche Gefühle bei Ihnen auslösten, haben Sie folglich einen „direkten Draht" zu Ihrer Gefühlswelt. Und können damit ganz gezielt auf diese einwirken.

Übung: Ein Musikstücke-Inventar anlegen

Legen Sie sich gemäß dem folgenden Beispiel ein „Musikstücke-Inventar" an, in dem Sie die Musiktitel und die für Sie dazugehörigen Gefühle auflisten. Mit der Zeit werden Sie eine beachtliche Sammlung an Musikstücken haben, mit denen Sie sich ganz gezielt schnell in gewünschte Gefühlszustände bringen können.

Beispiele für ein
Musikstücke-Inventar

Titel: *Eye of the Tiger*
Wirkung: *Anspornend, löst Gefühle von Entschlossenheit und Durchhaltevermögen aus*

Titel: *Music was my first love*
Wirkung: *beruhigend, zentrierend; bringt mich meinen Gefühlen näher*

Musik ist etwas sehr Persönliches und kann auf jeden einzelnen sehr unterschiedlich wirken. Was bei mir beispielsweise anspornt, kann einen anderen gänzlich entmutigen. Finden Sie für sich heraus, welche Lieder oder Melodien wie auf Sie wirken.

Ist Ihre klangliche Vorstellungskraft noch nicht so stark, daß Sie die Titel im Inneren hören können, ist das nicht weiter tragisch. Die modernen Stereoanlagen verfügen fast alle über die Möglichkeit, vom Radio oder vom CD-

5. Ihre innere Klangwelt

Player auf Audiokassetten zu überspielen. Stellen Sie sich einfach „Ihre Kassette" zusammen. Mit einem Walkman sind Sie auch dann recht unabhängig.

Wenn Sie Ihre klangliche Vorstellungskraft verbessern möchten, gehen Sie genauso vor, wie in den anderen Übungen beschrieben. Spielen Sie den Titel „im Äußeren" ab, schließen Sie dann die Augen, und erinnern Sie das eben Gehörte. Mit zunehmender Übung werden Sie immer längere Sequenzen des Liedes leicht abrufen können.

Übung: Ihr Privat-Chor

Stellen Sie sich folgende Situation vor: Sie sind im Begriff auszugehen – auf Sie wartet das erste Rendezvous mit einer wunderschönen Frau beziehungsweise mit einem aufregenden Mann. Sie sind etwas unsicher und aufgeregt, während Sie sich für den großen Abend zurechtmachen. Sie schnippen mit den Fingern, und im Zimmer erscheint ein Gospel-Chor. Der Chor stimmt eine beschwingte Melodie an, während die Vorsinger Ihnen mit verführerisch klingenden Stimmen im Rhythmus der Melodie zuraunen – *Du siehst wirklich gut aus – der Abend wird ein voller Erfolg – es wird der beste Abend Deines Lebens* – Und der Gospel-Chor singt ein volltöniges *Oh yeah' ohh yeeah!*

Wenn Sie mit sich sprechen, tun Sie das unter anderem, um sich aufzumuntern, anzuspornen, zu beruhigen, zu entspannen usw. Wenn die Aussagen nun nicht nur von

5. Ihre innere Klangwelt

einer einzigen Stimme kommen, sondern von einem ganzen Chor, ist die Wirkung um ein Vielfaches stärker.

Nicht jeder ist natürlich auf Anhieb in der Lage, einen ganzen Chor von angenehmen Stimmen in seinem Inneren entstehen zu lassen. Wenn Sie bisher mit kritischen Kommentarstimmen zu kämpfen hatten, sind Sie hier jedoch eindeutig im Vorteil. Ihre klangliche Vorstellungskraft für Stimmen ist gut trainiert. Und für Ihr Gehirn macht es keinen Unterschied, ob eine innere Stimme bissige Bemerkungen von sich gibt oder Ihnen verführerisch Unterstützung zuraunt.
Wenn Sie zu denjenigen zählen, die noch etwas Übung benötigen, wenden Sie einfach das bereits bekannte Übungsmuster an: Suchen Sie sich Chor- oder Gruppenmusik, die Ihnen gut gefällt, und hören Sie den Gesang des öfteren an. Schließen Sie nach dem Hören jeweils die Augen und erinnern Sie sich an die Musik und die Stimmen der Sänger.

Wenn Sie sich Ihren Privat-Chor im Inneren eingerichtet haben, probieren Sie aus, in welchen Situationen welche Aussagen angenehm wirken. Sie können beispielsweise die Sätze nehmen, die Sie auf Seite 59/60 für sich gefunden haben. Lassen Sie Ihren Chor diese Sätze mit passenden Melodien und angenehmen Stimmqualitäten für Sie singen.

6. Das Reich der Empfindungen

Als Einstieg in dieses Kapitel möchte ich kurz darlegen, wie die Begriffe *Empfindung* und *Gefühl* im NLP gebraucht werden. Die Bezeichnung *Empfindung* wird bei **Körperwahrnehmungen** wie Druck, Kälte, Wärme, Anspannung usw. benutzt, das Wort *Gefühl* jedoch für die ***Empfindung, der eine Bedeutung beigemessen wurde***. Beispielsweise kann die Empfindung „Zusammenkrampfender-Bauchmuskulatur" für eine Person gleichbedeutend mit dem Gefühl „Angst" sein; oder die Empfindung „Hitzewallung-steigt-vom-Bauch-in-den-Kopf" mit dem Gefühl „Wut". In unserer Umgangssprache werden diese beiden Begriffe oft durcheinander gebracht. Streng genommen haben Sie jedoch nicht mehr miteinander zu tun, als die Stimmqualität eines inneren Klanges mit dem Gefühl, das durch diesen Klang ausgelöst wird. Auch Körperempfindungen lösen in diesem Sinne Gefühle aus. Und welche Körperempfindungen mit einem Gefühl wie Wut, Angst oder Freude einhergehen, ist von Mensch zu Mensch verschieden!

In unserer Kultur sind wir allerdings gewohnt, unsere Aufmerksamkeit mehr der Bedeutung, sprich dem Gefühl, zu schenken, als die möglicherweise dahinterstehende Körperempfindung zu verändern. Aber ebenso wie beim Sehen und Hören wirken auch bei den Empfindungen die Submodalitäten direkt auf die Gefühle ein. Veränderungen der feinsten wahrnehmbaren Unterschiede wie heiß, kalt, fließend, vibrierend, Druckstärke usw. bewirken auch hier eine Gefühlsveränderung.

6. Das Reich der Empfindungen

Eine weitere Ursache dafür, daß viele Menschen ihre Empfindungen weniger bewußt wahrnehmen, sind die technischen Errungenschaften unserer Zivilisation. Durch unsere weitentwickelte Technik werden wir zu einer zunehmend *visuellen (das Sehen betreffend)* und *auditiven (das Hören betreffend)* Gesellschaft. Fernsehgeräte, Radios, Stereoanlagen, Computer u.ä. sprechen vorwiegend die Wahrnehmungsweisen Hören und Sehen an. *Die Kinästhetik (die Empfindung betreffend),* und damit die Wahrnehmung der Körperempfindungen, wird bei weitem nicht im gleichen Maße geschult. Das bewußte Wahrnehmen der Körperempfindungen ist jedoch sowohl für das seelische Wohlergehen als auch die körperliche Gesundheit wichtig.

6.1 Umgang mit unangenehmen Empfindungen

Je bewußter Sie Ihre Empfindungen bisher spürten, desto öfter haben Sie sicherlich schon erlebt, wie unangenehm sich diese auf Ihr Wohlbefinden auswirken können. Die beiden Übungen auf der nächsten Seite können hier Erleichterung schaffen.

Wenn Sie allerdings Ihren Körperempfindungen in der Vergangenheit weniger bewußte Aufmerksamkeit schenkten, kann es sein, daß Ihnen die Übungen recht merkwürdig erscheinen.

6. Das Reich der Empfindungen

Aber auch dann möchte ich Sie dazu ermuntern, einzelne Vorgehensweisen auszuprobieren. Die Übungen können beispielsweise auch dazu eingesetzt werden, unangenehme Gefühle wie Angst, Wut, Nervosität, Hilflosigkeit usw. zu lösen. Es kann etwas Training erforderlich sein, bis Sie Ihre Empfindungen bewußt verändern können. Lassen Sie sich dann etwas Zeit, um Ihre Empfindungsfähigkeit auszubilden. Ihre Geduld wird sich in jedem Fall auszahlen!

Stellen Sie vor Beginn jeder Übung sicher, daß es sich bei der Empfindung nicht um etwas rein „Körperliches" handelt, wie ein durch Überanstrengung verspannter Muskel oder auch Magenkrämpfe aufgrund einer Magenverstimmung. Die Empfindungen, die hier verändert werden können, existieren ebenso wie ein inneres Bild oder eine innere Stimme „nur in der Vorstellung". Beispielsweise ein Druckgefühl auf dem Brustkorb, obwohl nicht tatsächlich Druck ausgeübt wird; oder das Gefühl der Schwere in den Beinen, obwohl sie keiner Belastung ausgesetzt sind.

Bei körperlichen Beschwerden kann die Vorstellungskraft zwar unterstützend eingesetzt werden, aber die Körperstörungen müssen trotzdem auf der rein körperlichen Ebene behandelt werden.
So können zum Beispiel Zahnschmerzen, die durch einen entzündeten Nerv hervorgerufen werden, durch mentale Übungen gelindert werden, aber den Gang zu Ihrem Zahnarzt und die dortige Behandlung auf der körperlichen Ebene ersetzt dies natürlich nicht.

6. Das Reich der Empfindungen

Übung: Einer Empfindung die Spannung nehmen

1. Nehmen Sie wahr, wo und wie genau Sie die unangenehme Empfindung im Körper spüren:

- An welcher Körperstelle fühlen Sie sie am deutlichsten?

- Wie fühlt es sich an? Spüren Sie Kälte oder Wärme; ist ein Druckempfinden mit dabei; ist Bewegung in der Empfindung, wie beispielsweise ein Fließen, Vibrieren oder kommt sie in Wellen; ist sie durchgehend spürbar oder unterbrochen?
Wie würden Sie die Empfindung beschreiben – prikkelnd, angespannt, verkrampft, unklar usw.?

2. Beginnen Sie nun, in diese Körperstelle „hineinzuatmen". Atmen Sie tief durch die Nase ein und durch den Mund wieder aus, und stellen Sie sich dabei vor, wie der frische Atem mit seinem belebenden Sauerstoff in diesen Körperteil fließt und die Durchblutung anregt. Stellen Sie sich vor, daß die Körperstelle angenehm warm wird und die Muskulatur sich nun vollständig entspannt.

6. Das Reich der Empfindungen

Übung: Empfindungen aus dem Körper gehen lassen

1. Spüren Sie wieder nach, wo im Körper Sie die Empfindung am deutlichsten fühlen können. Gehen Sie mit Ihrer Aufmerksamkeit bewußt an diese Stelle.

- Wie genau fühlt sich die Empfindung an?

- Wie würden Sie sie beschreiben?

2. Was wäre eine geeignete Art, um diese Empfindung aus dem Körper hinausgehen zu lassen?

- Stellen Sie sich diese Empfindung eher wie eine Flüssigkeit vor, die hinausfließen oder -tropfen kann?

- Oder eher wie eine Art Energie, die abfließt?

    Scheint Sie eine feste Beschaffenheit zu besitzen, wie beispielsweise kleine Kügelchen, die aus dem Körper hinauskullern könnten?

    Oder gibt es eine andere Weise, um die Empfindung hinauswandern zu lassen?

3. Stellen Sie sich nun vor, die Empfindung würde auf die von Ihnen gewählte Weise aus Ihrem Körper hinaus und in die Erde gehen. Sie können sich dazu auf den Boden legen oder aufrecht hinstellen.

6. Das Reich der Empfindungen

- Wenn die entsprechende Körperstelle direkt den Boden berührt, stellen Sie sich vor, wie die Empfindung aus dieser Körperstelle hinaus direkt in die Erde fließt, kullert oder ähnliches.

- Wenn Sie stehen, stellen Sie sich vor, die Empfindung würde in oder an ihrem Körper entlang nach unten fließen, kullern oder ähnliches und schließlich aus dem Körper hinaus in die Erde gehen.

Manchmal kann es hilfreich sein, diese Übung im Stehen mit nackten Füßen im Gras oder auf einem Steinboden zu machen oder sich dabei ins Gras oder auf einen Stein zu legen.

6.2 Wie steht es mit Ihrem Körperbewußtsein?

Streßbedingte Beschwerden zählen heute schon zu unseren sogenannten Zivilisationskrankheiten. Psychosomatische Erkrankungen (seelische Störungen, die sich auf der Körperebene niederschlagen) nehmen ebenfalls immer stärker zu. Die Anforderungen unserer modernen Gesellschaft lassen unseren Alltag allzu oft zur Hetze werden. Die Gefahr, in dieser Hektik die Bedürfnisse unseres Körpers zu übergehen, ist sehr groß. Aber gerade das Beachten der Körpersignale, die auf Grundbedürfnisse wie Ruhe oder Bewegung hinweisen, ist für unser Wohlbefinden äußerst wichtig.

6. Das Reich der Empfindungen

Oftmals werden diese Signale solange aus dem Bewußtsein verdrängt, daß sie bewußt kaum noch wahrnehmbar sind. Ein so übergangener Körper reagiert in der Regel früher oder später mit Streßsymptomen. Vielleicht haben Sie die eine oder andere Auswirkung in dieser Hinsicht schon am eigenen Leib erlebt. Auf den Körper wieder mehr zu hören, zu schauen und zu spüren, was er gerade braucht, wirkt sich nicht nur auf das körperliche Gleichgewicht vorteilhaft aus. Mehr bei sich und seinen Bedürfnissen zu sein, bedeutet auch, die „Seele baumeln zu lassen", dem „Körper-Geist-Seele-System" das zu geben, was es gerade braucht. Manchmal kann es auch erscheinen, als könne man dem Körper, und damit auch seiner Seele, nicht das gewähren, was sie benötigen. Beispielsweise, weil der Arbeitsdruck so groß ist, daß ausgiebiges Ausruhen, nachdem der Körper gerade verlangt, zeitlich nicht einzurichten ist.

Aber gerade in solchen Zeiten können selbst einige Minuten Wunder wirken. Mit der folgenden Übung können Sie trainieren, wie Sie die Bedürfnisse Ihres Körpers bewußter spüren können. Wenn Sie diesen Bedürfnissen im Rahmen Ihrer persönlichen Möglichkeiten Raum geben, wird es sich sicherlich spürbar auf Ihr Wohlbefinden auswirken. Aber auch Ihr Selbst-Bewußtsein wird wachsen, denn Ihr Körper ist ein Ausdruck Ihres Selbst.

6. Das Reich der Empfindungen

Übung: In-sich-hineinspüren

1. Nehmen Sie sich einige Minuten Zeit, in denen Sie ungestört sind. Nehmen Sie eine entspannte Haltung ein. Atmen Sie einige Male tief und gleichmäßig durch die Nase ein und durch den Mund wieder aus. Stellen Sie sich dabei vor, wie die frische Atemenergie durch Ihren ganzen Körper fließt. Schließen Sie die Augen und lassen Sie die Anspannung in Ihren Muskeln los.

2. Genießen Sie eine Weile die jetzt eintretende Entspannung; entspannen Sie noch etwas mehr.

3. Lenken Sie nun Ihre bewußte Aufmerksamkeit auf das gerade vorherrschende Körpergefühl. Welchen Körperteil können Sie besonders deutlich fühlen? Gehen Sie mit Ihrer Wahrnehmung dort hin, und spüren Sie nach, wie sich diese Körperpartie anfühlt. Lassen Sie sich einige Augenblicke Zeit, um sich noch bewußter zu werden, was es in dieser Körperstelle für Sie in diesem Moment zu spüren gibt.

4. Gehen Sie mit Ihrer Aufmerksamkeit wieder zu der Gesamtheit Ihres Körpers zurück. Gibt es einen weiteren Körperteil oder vielleicht sogar weitere Körperteile, den oder die Sie besonders deutlich fühlen können? Wenn ja, gehen Sie auch hier wie in Schritt 3 beschrieben vor.

6. Das Reich der Empfindungen

5. Nehmen Sie dann noch einmal Ihren Körper als Gesamtheit wahr, und spüren Sie in sich hinein. Während Sie nun mit Ihrer Aufmerksamkeit ganz bei Ihrem Körper sind, lassen Sie einen Satz in sich aufsteigen, der ausdrückt, was Ihrem Körper jetzt, in diesem Augenblick, wohltun würde.

Mit etwas Übung können Sie das In-sich-hineinspüren in wenigen Minuten durchführen. Das Bewußtsein ist erstaunlich schnell in der Lage wahrzunehmen, was der Körper benötigt. Vielleicht werden Sie auch erstaunt feststellen, daß einige Minuten dessen, nach was Ihr Körper verlangt, erholsamer sein können, als Stunden „wahlloser" Erholungstätigkeiten.

Sich auf die eigenen Körperempfindungen zu konzentrieren, ruft bei vielen Menschen einen leichten Trancezustand (entspannter, nach innen gerichteter Bewußtseinszustand) hervor. Von daher kann es vielleicht angenehmer für Sie sein, wenn Sie sich die Übungsschritte von jemandem vorlesen lassen.

6.3 Bereichern Sie Ihre Empfindungswelt

Auch hier ist eine wirksame Vorgehensweise, mit der Sie Ihre Empfindungsfähigkeit erweitern können, das anfängliche Schulen des Erinnerungsvermögens. Die folgenden Übungen sollen Ihnen als Anregung dienen und Sie beim weiteren Erobern Ihrer Erlebniswelt unterstützen.

Übung: Temperaturempfindungen steuern

Der Unterschied **kalt** und **warm** in den Empfindungen ist auf der Gefühlsebene häufig gleichbedeutend mit *eisig* und **wohlig.** Diese Temperaturunterschiede bewußt „herstellen" zu können, kann deshalb zu einer angenehmen Bereicherung Ihrer Vorstellungskraft werden.

Mit dieser Übung können Sie Ihre Empfindungsfähigkeit für Temperaturunterschiede schulen:
Legen Sie eine Hand auf eine Heizung oder einen anderen angenehm warmen Gegenstand, und richten Sie Ihre Aufmerksamkeit ganz auf die Wärme-Empfindung in der entsprechenden Körperstelle. Nehmen Sie Ihre Hand dann weg, und erinnern Sie sich mit geschlossenen Augen an das gerade Empfundene. Wiederholen Sie diese Übung auch mit anderen Körperstellen, zum Beispiel mit den Füßen.

6. Das Reich der Empfindungen

Wenn Sie diese Übung leicht bewältigen können, gehen Sie einen Schritt weiter:
Erinnern Sie sich an eine Situation, in der Sie ein wohlig warmes Gefühl im Körper spürten, beispielsweise bei einem Sonnenbad. Lassen Sie die Erinnerung so stark werden, daß Sie die wohlige Wärme in Ihrem Körper deutlich spüren können.

Ein heißer Tip für „bislang Verfrorene": Wenn Sie des öfteren unter kalten Händen und Füßen litten, können Sie sie mit dieser Vorgehensweise und einiger Übung allein durch Ihre Vorstellungskraft „erwärmen".

Genauso können Sie mit dieser Übung trainieren, „Kühle" bewußt zu empfinden. Wenn es Ihnen manchmal „zu heiß" wird – zum Beispiel in Verbindung mit rot werden oder Wut – kann eine solche Fähigkeit große Erleichterung verschaffen. Auch das Erinnern und Vorstellen, wie Sie Wasser, Sand, Gras, Fels und ähnliches berühren, können Sie damit schulen.

Übung: Angenehm Berührendes erinnern

Wenn Sie im Erinnern von Empfindungen bereits etwas geübter sind, können Sie dazu übergehen, länger Zurückliegendes zu erinnern. Rufen Sie sich Situationen ins Gedächtnis, in denen Sie sich wirklich wohl fühlten. „Erspüren" Sie dabei all die angenehmen Empfindungen, die Sie damals fühlten.

6. Das Reich der Empfindungen

Die Erinnerung an einen Strandspaziergang in der Karibik könnten Sie dann wie folgt erleben:
Sie erinnern sich an das Gefühl des weichen Sandes unter Ihren Füßen, wie seine feine Beschaffenheit bei jedem Schritt einen sanften gleitenden Druck auf Ihre Fußsohlen ausübt. Sie spüren wieder das warme Meerwasser, wie es Ihre Knöchel umspült, wie es sich anfühlt, wenn es mit seiner weichen und doch kraftvollen Bewegung mit jeder neuen Welle über Ihre Füße strömt und sie prickelnd zurückläßt. Sie fühlen wieder den Wind, der Ihre Haut sanft berührt, fast wie das zarte Streicheln einer Hand ...

Je mehr Einzelheiten Sie sich vergegenwärtigen, desto lebendiger erleben Sie Ihre wohligen Erinnerungen.

Übung: Meisterübung

Wenn Sie sich auch länger zurückliegende Empfindungen leicht ins Gedächtnis rufen können, ist es Zeit für die ***Meisterübung.*** Bei dieser Vorgehensweise erinnern Sie Empfindungen nicht mehr, sondern Sie ***stellen sich Empfindungen vor!***

Sie können beispielsweise damit beginnen, sich Wärme oder Kühle in Ihrem Körper vorzustellen. Spüren Sie nach, wie es sich anfühlt, wenn eine Körperstelle (z.B. eine Hand) angenehm warm bzw. angenehm kühl wird. Üben Sie auch, Berührungen der Haut mit Wind, Wasser usw. in Ihrer Vorstellung zu empfinden; oder wie es sich

6. Das Reich der Empfindungen

anfühlt Sand, Gras oder Stein unter den Fußsohlen zu spüren.

Ziel ist hier, vielfältige Empfindungen kraft der Vorstellungsfähigkeit im Inneren tatsächlich *zu spüren*. Zum Beispiel wie es sich anfühlen würde, am Meer spazierenzugehen oder auf einer grünen Blumenwiese mitten im Wald zu liegen.

Die Fähigkeit, solch komplexe Situationen mitsamt Empfindungen nachzuerleben, bedeutet, jederzeit einen kleinen „Kurzurlaub in die Vorstellungswelt" machen zu können. Mehr dazu im nächsten Kapitel!

In wissenschaftlichen Untersuchungen wurde belegt, daß einige indische Yogi in der Lage sind, die Vitalfunktionen ihres Körpers bewußt zu steuern. So können sie beispielsweise ihre Herzschlagrate gezielt absenken oder erhöhen.

7. Lebendiges Bild-Klang-Empfinden

In den letzten drei Kapiteln haben wir uns mit dem Sehen, Hören und Fühlen im einzelnen beschäftigt. Inneres Erleben geschieht jedoch auf allen drei Wahrnehmungsebenen gleichzeitig. Wir sehen im Inneren Bilder, hören Geräusche oder Stimmen und fühlen Empfindungen zu ein und derselben Zeit, wobei uns in der Regel nur ein Teil dieser Vorgänge bewußt ist. Auf den nächsten Seiten finden Sie nun Anregungen und Anleitungen dazu, wie Sie Ihr inneres Erleben in allen Hauptwahrnehmungsweisen bewußt gestalten können. Mit inneren „Erlebnisräumen" erschaffen Sie sich eine Vorstellungswelt, die Ihnen sowohl Kraft als auch Ruhe, Harmonie wie auch Anregung, wohliges Alleinsein oder erfüllendes Einswerden schenkt. Gestalten Sie sich Erlebnisräume, in denen Sie finden, was Sie im Inneren suchen – ganz nach dem Motto:

Erlebnisräume für jeden Zweck!

Die beiden nachfolgend beschriebenen Übungen beschäftigen sich mit dem Entwerfen eines Erlebnisraumes, der beruhigend und stärkend wirkt, und einem anderen, der aufmuntert oder anregt.

Mit genau der gleichen Vorgehensweise können Sie aber auch andere Erlebnisräume gestalten, zum Beispiel einen, der Sie in die richtige Stimmung zum Ausgehen bringt;

7. Lebendiges Bild-Klang-Empfinden

oder einen anderen, in dem Sie sich darauf vorbereiten können, vor einer Gruppe zu sprechen oder ein schwieriges Gespräch zu führen – um nur einige Möglichkeiten zu nennen. Die Übungsschritte sind jeweils die gleichen. Tauchen Sie jetzt also sehend, hörend und fühlend in das Innere ihrer Erlebniswelt ein. Finden Sie den Weg zu Ihrem „Inneren Ort der Ruhe und Kraft". Erleben Sie das aufmunternde Prickeln Ihres anregenden Erlebnisraumes und erschaffen Sie sich somit ein bewußtes und lebendiges Bild-Klang-Empfinden!

Übung: Ihr innerer Ort der Ruhe und Kraft

Mit diesem Erlebnisraum erschaffen Sie sich einen Ort, an dem Sie Ruhe und Stärkung finden und den Sie im Inneren jederzeit aufsuchen können.

Notieren Sie sich die Antworten zu den nachfolgenden Fragen auf einem Zettel.

1. Entwerfen Sie sich zuerst einen inneren „Grundriß" dieses Ortes. Welche Plätze in der Natur wirken auf Sie beruhigend und stärkend gleichzeitig? *(z.B. Blumenwiesen, Gärten, Parkanlagen, Waldlichtungen, Meeresstrände, Wälder, Flußläufe usw.)*

- Soll dieser Ort eher auf einem *einsamen Berg,* einer *weiten offenen Ebene* oder in einem *beschützenden Tal* liegen – oder an einem ganz anderen Ort?

7. Lebendiges Bild-Klang-Empfinden

- Wenn an dieser Stelle nicht natürlicher Weise Wasser vorhanden ist, möchten Sie dann zusätzlich Wasser an diesem Ort haben? Wie beispielsweise einen *See* oder eine ***Quelle mit einem kleinen Bach?***

- Soll Gras dort sein, Moos, auf dem Sie liegen können, Bäume, Felsen oder blühende Blumen und Sträucher?

2. Beginnen Sie nun, den Erlebnisraum zu gestalten. Schließen Sie dazu die Augen und erschaffen Sie mit den oben notierten Einzelheiten Ihren Ort der Ruhe und Kraft. Stellen Sie sich diesen Ort dabei in Bild, Klang und Empfinden vor. Auch hier kann es hilfreich sein, sich die einzelnen Schritte von jemandem vorlesen zu lassen.

Fangen Sie mit dem an, was zu sehen ist. Stellen Sie sich die Einzelheiten, die Sie sehen möchten, als Ganzes vor, wie eine 360°-Leinwand, die ganz um Sie herum reicht. Betrachten Sie in aller Ruhe, was es an Ihrem Ruhe- und Kraftort anzuschauen gibt. Während Sie nun weiterhin diese „Umgebung" vor Ihrem inneren Auge haben, beginnen Sie zu hören, was es dort zu hören gibt; beispielsweise das Plätschern des Wassers, Vogelgezwitscher oder das Rauschen der Blätter in einem sanften Wind. Lassen Sie sich auch hier wieder ausreichend Zeit, um zu sehen *und* zu hören. Fühlen Sie nun, was es dort zu empfinden gibt, während Sie weiterhin den Anblick und die Klangkulisse genießen. Spüren Sie beispielsweise den Wind in Ihren Haaren oder auf der Haut; das angenehm kühle Gefühl, wenn Sie im Gras liegen; das klare Gefühl von

7. Lebendiges Bild-Klang-Empfinden

Wasser auf Ihrer Haut, wenn Sie eine Hand oder Ihre Füße im Bach baumeln lassen. Nehmen Sie sich ausgiebig Zeit, um auch das Fühlen in Ihren Kraftort mit einzubeziehen.

Entwerfen Sie sich diesen Platz so lebendig wie möglich. Lassen Sie Ihrer Phantasie freien Lauf, und gestalten Sie sich eine innere Welt, die voller Schönheit, Fülle und Reichtum ist. „Erfahren" Sie Ihren Ort der Ruhe und Kraft mit all Ihren Sinnen, so, als wären Sie tatsächlich dort. Ist er in Ihrem Inneren erst einmal „erschaffen", können Sie ihn dort jederzeit aufsuchen, um seine beruhigende und stärkende Wirkung zu genießen. Wenn dieser Erlebnisraum nicht auf Anhieb so lebendig gelingt, wie Sie gerne möchten, haben Sie Geduld mit sich. Zunehmende Übung wird Ihre Vorstellungskraft immer reger werden lassen. Anregungen, was Sie mit diesem Erlebnisraum für sich tun können, finden Sie im Kapitel „Erlebnis Meditation" (Seite 93).

Die Tradition, sich einen inneren Kraftort zu schaffen ist schon sehr alt. Eine Legende besagt, daß jeder im Volk der Hyperboreer (eine Hochkultur, die zur Zeit des alten Griechenlands im Norden blühte), sein ganzes Leben lang an der Erschaffung seines „Geistigen Gartens" arbeitete. Dabei erschufen sie diese Gärten sowohl im Geiste als auch in Form von Modellen im „Äußeren". Auch Sie können sich Ihre Erlebnisräume im Äußeren nachbilden, zum Beispiel in Form eines kleinen Modells, und damit ihre Wirkung erhöhen.

7. Lebendiges Bild-Klang-Empfinden

Wenn Sie Ihre innere Erlebniswelt lebendiger und angenehmer gestalten, gilt es jedoch etwas Wichtiges zu beachten:
Ihre innere Welt sollte immer eine Bereicherung Ihres wirklichen Lebens sein, keine Rückzugsmöglichkeit im Sinne einer „Flucht vor der Realität". Eine noch so lebendige innere Welt kann niemals die echte Welt mit ihren Sinneseindrücken ersetzen. Und wenn es etwas geben sollte, das Sie in der Realität draußen nicht verarbeiten können, ist es in jedem Fall besser, die professionelle Hilfe eines Therapeuten in Anspruch zu nehmen. Mehr darüber auch im Abschlußkapitel.

Die nachfolgende Anleitung können Sie für den Aufbau jedes beliebigen Erlebnisraumes nutzen. Gleichzeitig ist sie hier der Leitfaden für die Erschaffung eines anregenden, aufmunternden Erlebnisraumes.

Musterübung: Gestaltung eines Erlebnisraumes

Die folgende Übung kann Ihnen als Vorlage für die Erschaffung eines jeglichen inneren Erlebnisraumes dienen.

1. Überlegen Sie sich zu Beginn, wie dieser Erlebnisraum aussehen soll. Welche Umgebung mit welchen Einzelheiten bringt die gewünschte Wirkung? Legen Sie hier besonderen Wert auf Musik, denn Rhythmen haben eine starke Wirkung auf unser Befinden. Dabei kann Ihnen Ihr Musikstücke-Inventar eine Hilfe sein (Seite 69). Wie wäre es, wenn Sie auch Ihren Privat-Chor in diesen Erlebnisraum einbauen?

7. Lebendiges Bild-Klang-Empfinden

Schaffen Sie sich eine Umgebung, die ideal ist für das, was Sie tun oder erreichen möchten. Lassen Sie Ihrer Kreativität einfach freien Lauf. Nehmen Sie alles darin auf, was Ihnen in der jeweiligen Situation guttut. Wenn Sie sich einen „Trainingsort" erstellen wollen – um sich auf eine bestimmte Aufgabe vorzubereiten, wie das Sprechen vor einer Gruppe –, bauen Sie alles in den Erlebnisraum ein, was Ihnen bei der Vorbereitung hilft.

In unserem Beispiel
Was wirkt anregend auf Sie? Welche Umgebung macht Sie wach und hebt Ihre gute Laune? Welche Musik, welche speziellen Lieder muntern Sie auf? Welche Melodien kann Ihr Privat-Chor hierzu singen, und welche Sätze wollen Sie von ihm hören?

2. Schließen Sie die Augen, und lassen Sie diesen Erlebnisraum in Ihrer Vorstellung entstehen. Sehen Sie, was es dort zu sehen gibt; hören Sie, was es dort zu hören gibt; fühlen Sie, was es dort zu fühlen gibt. Nehmen Sie sich jeweils ausreichend Zeit, um Ihre Vorstellung lebendig werden zu lassen.

3. Nutzen Sie die Informationen über die feinsten wahrnehmbaren Unterschiede beim Sehen auf Seite 47, um Ihr Erleben noch lebendiger zu gestalten. Probieren Sie aus, welche der Veränderungen die stärkste angenehme Wirkung auf Sie hat.

8. Erlebnis Meditation

Meditation ist mittlerweile auch in der westlichen Welt bekannt. Wegen der harmonisierenden und bewußtseinserweiternden Wirkung findet sie auch bei uns immer mehr Anhänger. In der Meditation kommt das Alltagsbewußtsein durch gezielte Entspannung zur Ruhe. Es entsteht ein tranceartiger Bewußtseinszustand, in dem der Zugang zu ansonsten eher unbewußten Ebenen des Geistes möglich wird. Als Trance bezeichnet man eine entspannte, nach innen gerichtete Haltung. Die Tiefe des Trancezustandes ist hier ein ausschlaggebender Aspekt. Je tiefer die Trance wird, desto tiefere Bewußtseinsschichten werden in der Regel zugänglich.

Der bekannte amerikanische Trainer Wyatt Woodsmall kam auf die Idee, die trancevertiefenden Mechanismen genau zu erforschen. Er untersuchte die feinsten wahrnehmbaren Unterschiede des inneren Erlebens, die den Trancezustand vertiefen. Die Ergebnisse der von ihm entwickelten Übung waren außergewöhnlich. Selbst Menschen, die bereits seit einigen Jahrzehnten täglich meditierten, kamen nach wenigen Minuten in eine Trancetiefe, die sie in all den Jahren zuvor nur wenige Male erlebt hatten. Auf seiner Idee basiert die Tranceanleitung ab Seite 94.

Wenn Sie bisher nur über wenig oder gar keine Trance-Erfahrung verfügen, finden Sie auf den nächsten beiden Seiten Anleitungen zum Herbeiführen und Beenden einer

8. Erlebnis Meditation

Trance. Am Ende des Kapitels folgen einige Anregungen dazu, wie Sie einen tieferen Trancezustand in Verbindung mit Ihrem „inneren Ort der Ruhe und Kraft" aus dem Kapitel „Lebendiges Bild-Klang-Empfinden" nutzen können.

Ein leichter Trancezustand ist eine hilfreiche Voraussetzung für alle Übungen, die in diesem Buch beschrieben sind. In einer entspannten, nach innen gerichteten Haltung sind die inneren Vorgänge klarer wahrzunehmen und leichter zu verändern.

8.1 Trance-Grundlagen

Übung: Einen Trancezustand herbeiführen

1. Nehmen Sie als erstes eine bequeme Stellung ein. Sie können sich dabei setzen oder auch hinlegen. Achten Sie jedoch darauf, daß Ihre Wirbelsäule, Ihr Nacken und Kopf eine gerade Linie bilden. Bequeme Kleidung ist ebenfalls von Vorteil. Während Ihrer Tranceübung sollte Sie kein Drücken oder Zwicken belästigen.

2. Probieren Sie aus, ob Sie Ihre Augen offenlassen möchten oder ob Sie sich mit geschlossenen Augen wohler fühlen. Sie können das Entspannen auch mit offenen Augen beginnen und sie erst später schließen, wenn Ihnen danach sein wird.

8. Erlebnis Meditation

3. Beginnen Sie nun mit dem entspannenden Atmen: Atmen Sie langsam durch die Nase ein und durch den Mund wieder aus.

Atmen Sie zur Entspannung langsam – und damit länger – aus, als Sie einatmen!

Richten Sie Ihre Aufmerksamkeit mit jedem Einatmen weiter nach Innen, und entspannen Sie bei jedem Ausatmen ein wenig mehr.

4. Richten Sie Ihre Aufmerksamkeit jetzt auf Ihre Körperempfindungen. Nehmen Sie wahr, wie die Luft beim Einatmen an der Innenseite Ihrer Nasenflügel entlangstreicht. Fühlen Sie, wie sich Ihr Brustkorb beim Einatmen hebt und beim Ausatmen wieder senkt. Beginnen Sie, die Unterlage zu spüren, auf der Sie liegen bzw. sitzen. Fühlen Sie, welche Körperstellen die Unterlage berühren. Spüren Sie in Ihren Körper hinein.

Nehmen Sie sich wahr, und atmen Sie tiefer in die Entspannung, bis Ihr Körper und Ihr Bewußtsein ruhig und entspannt sind.

Je nachdem, wie leicht Sie entspannen können, werden Sie bereits mit wenigen Schritten einen leichten bis mittleren Trancezustand erreicht haben. Wenn Ihnen Ihr Alltagsbewußtsein an diesem Punkt noch aufgewühlt erscheint, kann Ihnen die kleine Trancereise auf den nächsten Seiten helfen, weiter zur Ruhe zu kommen.

8. Erlebnis Meditation

Übung: Wieder ins Hier und Jetzt zurückkommen

1. Wenn Sie die Trance beenden möchten, verändern Sie als erstes Ihre Atmung. Atmen Sie erneut durch die Nase ein und durch den Mund wieder aus.

   Atmen Sie zur Anregung kräftiger – und damit länger – ein, als Sie ausatmen!

2. Richten Sie bei jedem Einatmen Ihre Aufmerksamkeit etwas mehr nach außen. Beginnen Sie die Unterlage zu spüren, auf der Sie liegen bzw. sitzen. Fühlen Sie, wie Ihr Brustkorb sich beim Ausatmen senkt und beim Einatmen hebt. Lenken Sie Ihre Aufmerksamkeit auf die Innenseite Ihrer Nasenflügel. Spüren Sie die kühle frische Atemluft, die dort vorbeistreicht. Fühlen Sie mehr und mehr Ihren Körper und Ihre Umgebung, und lassen Sie sich ausreichend Zeit, um in Ihrem eigenen Tempo aus der Trance aufzutauchen.

3. Wenn Sie sich wach genug fühlen, öffnen Sie langsam die Augen. Bleiben Sie noch einige Minuten sitzen oder liegen, und beginnen Sie langsam, Ihren Körper zu bewegen.

Übung: Trancereise ins Paradies

Stellen Sie sich vor, Sie befinden sich an einem wunderschönen klaren See. Sie sitzen unter dem Laubdach eines großen alten Baumes. Die Luft ist angenehm warm, und Sie beobachten, vom dichten Blätterdach geschützt, wie ein starker Sommerregen die Wasseroberfläche des Sees vor Ihnen aufwühlt. Der Regen reinigt und erfrischt die Luft. Das Einatmen dieser klaren frischen Luft wirkt auf Sie befreiend und entspannend. Der Regen läßt allmählich nach, und Sie beobachten, wie die Oberfläche des Sees langsam zur Ruhe kommt. Nach einiger Zeit kräuselt sie sich ein wenig, und schließlich ist der See ganz ruhig und klar. Ab und zu fliegt ein Vogel über den Teich oder ein Schmetterling. Und sein Spiegelbild gleitet über das Wasser, um schließlich vorbeizuziehen. So wie Gedanken, die auftauchen, durch das Bewußtsein gleiten und verschwinden. Beobachten Sie noch einige Zeit die glatte, sich sanft wiegende Oberfläche des Sees, und genießen Sie dabei zu fühlen, wie Sie mehr und mehr loslassen.

Tiefere Trancezustände

Auf den nächsten Seiten wird die Übung „Vertiefende Trance" beschrieben. Der erste Schritt dieser Übung besteht darin herauszufinden, welche Aspekte Ihres inneren Erlebens Ihr Trance-Empfinden verstärken. Haben Sie diese erst gefunden, sind Sie in der Lage, mit wenigen gezielten Schritten tiefere Trancezustände zu erreichen. Wie für alle Fähigkeiten gilt auch hier der Grundsatz: Je größer die Übung, desto größer das Können. Daher werden Sie feststellen, daß Sie mit jeder Trancereise leichter in tiefere Bewußtseinsebenen eintauchen können.

Einige Tips, wie Sie IhreEntspannung vertiefen

Eine entspannende Musik kann sehr unterstützen. Mittlerweile gibt es eine große Auswahl an Trance-Musik, in denen Klänge wie Meeresrauschen, Wasserplätschern, Vogelgezwitscher und ähnliches mit sanften Melodien verbunden sind. Düfte zum Entspannen können das Trance-Erlebnis ebenfalls sehr verstärken. Mit einer Duftlampe und einer entsprechenden Essenz läßt sich mit wenig Aufwand eine Atmosphäre schaffen, die direkt auf das Unterbewußtsein entspannend einwirkt. Experimentieren Sie einfach ein wenig, und finden Sie heraus, welche Musik und/oder Düfte Ihr Trance-Erlebnis vertiefen.

8.2 Vertiefende Trance

Eine leichte bis mittlere Trancetiefe ist ein guter Ausgangspunkt für Übungen, bei denen ein Teil der Aufmerksamkeit im „Äußeren" bleiben muß. Wie zum Beispiel, wenn Sie die Übungen von diesem Buch ablesen. Wenn Sie aber in tiefere Trancezustände gleiten möchten, nutzen Sie die folgende Anleitung. Sie ist höchst wirkungsvoll, da sie direkt auf die inneren Mechanismen einwirkt, die eine Trance vertiefen.

Der Ausgangspunkt für diese Übung sollte ein leichter bis mittlerer Trancezustand sein. Wenn Sie die ein oder andere Anweisung nicht gleich zu Beginn ausführen können, entspannen Sie einfach noch etwas mehr. Die Veränderungen, die Ihr Trance-Erlebnis vertiefen, werden Sie auf jeden Fall vornehmen können. Wenn möglich, lassen Sie sich die einzelnen Übungsschritte von jemandem vorlesen, oder sprechen Sie die Anweisungen auf Band. So können Sie ganz entspannt bei Ihrem inneren Erleben bleiben.

Während des ersten Übungsdurchlaufs finden Sie für sich heraus, welche der vielfältigen Möglichkeiten Ihr Trance-Erlebnis vertiefen. Dieser Durchlauf dauert daher etwas länger. Nehmen Sie sich ausreichend Zeit, um die einzelnen Schritte auszuführen. Die Übung kann ohne weiteres in verschiedene Abschnitte unterteilt werden. Üben Sie jeweils nur so lange, wie Sie Spaß am Umsetzen der Anweisungen haben. Das erhält Ihnen die Freude am Üben und garantiert so den größeren Erfolg.

8. Erlebnis Meditation

Nun wünsche ich Ihnen viel Spaß bei Ihrem *Erlebnis Meditation.*

Einige Grundlagen vorab

Die folgende Tranceanleitung ist in vier verschiedene Bereiche unterteilt: in die Grundeinstellungen des inneren Sehens, des inneren Hörens, des inneren Fühlens und der Zusammenführung aller drei Bereiche. Mit diesen „Grundeinstellungen" finden Sie für sich heraus, welche der feinsten wahrnehmbaren Unterschiede Ihr Trance-Erlebnis am stärksten vertiefen. Auch hier gilt es wieder zu beachten, daß jeder von uns die Hauptwahrnehmungsweisen Sehen, Hören und Fühlen unterschiedlich stark nutzt. Die drei Bereiche der Tranceanleitung werden daher unterschiedlich auf Sie wirken. Probieren Sie für den Anfang aus, mit welcher der drei Anleitungen Sie am leichtesten und tiefsten in Trance gehen können. Bereits die Wirkung dieses einen Bereiches wird Sie überraschen! Erobern Sie sich dann Schritt für Schritt auch die anderen beiden Bereiche, wobei ich Ihnen empfehle, in Ihrem ureigenen Tempo vorzugehen. In der „Meisterstufe" werden Sie dann alle drei Bereiche zusammenführen können. Sie werden feststellen, daß Sie mit jedem neuen Trancedurchlauf aufregende und überraschende Erlebnisse erfahren. Die Übungszeit, in der Sie sich nach und nach der Meisterstufe nähern, wird somit schon an sich eine sehr unterhaltsame und spannende Zeit für Sie werden.

Noch ein wichtiger Hinweis für tiefere Trancezustände

Je tiefer Sie in Trance gehen, desto wichtiger ist eine ablenkungsfreie Umgebung. Laute Geräusche wie Telefonklingeln, Türglocke und ähnliches können empfindlich stören. Stellen Sie daher sicher, daß Sie für Ihre Trance einige Minuten unbeeinträchtigter Ruhe genießen können.

Übung: I. Grundeinstellungen des Sehens

Gehen Sie in einen leichten bis mittleren Trancezustand, und finden Sie entspannt mit geschlossenen Augen für sich die Antworten auf die folgenden Fragen.

Notieren Sie sich die jeweiligen Ergebnisse auf den nächsten Seiten!

1. Suchen Sie zuerst den Farbton, der entspannend auf Sie wirkt und Ihnen gleichzeitig hilft, Ihre Aufmerksamkeit weiter nach innen zu richten.

- Beginnen Sie mit der Farbe Schwarz. Stellen Sie sich vor, alles was Sie innerlich sehen, wäre schwarz. Lassen Sie das Schwarze einen Moment auf sich wirken.

- Stellen Sie sich nun vor, alles würde heller, bis Ihre Umgebung ganz weiß ist. Lassen Sie auch das Weiße einen Moment auf sich wirken.

8. Erlebnis Meditation

- Sehen Sie jetzt die Farbe Rot, ganz um Sie herum. Lassen Sie auch das Rote wieder einen Moment auf sich wirken.

- Verfahren Sie auf die gleiche Weise mit den anderen Farben des Regenbogens: Orange, Gelb, Grün, Blau, Indigo und Violett.

2. Welche Farbe entspannte Sie am stärksten und half Ihnen am meisten, Ihre Aufmerksamkeit nach innen zu führen? Lassen Sie diese Farbe in Ihr ganzes inneres Sichtfeld fließen.

3. Lassen Sie die Farbe nun zuerst heller werden und dann dunkler, und achten Sie darauf, wie sich diese Veränderungen auf Ihre Trance auswirken. Wählen Sie jetzt den Farbton aus, der Ihre Trance am stärksten vertieft.

4. Sehen Sie die Farbe jetzt zweidimensional, wie auf einer 360°-Kinoleinwand, die um Sie herumführt. Lassen Sie die Farbe dann dreidimensional werden, so als ob die ganze Luft um Sie herum in dieser Farbe schimmert. Achten Sie auch hier wieder darauf, wie sich die Veränderungen jeweils auf Ihre Trancetiefe auswirken. Wählen Sie die Einstellung, die Ihren Trancezustand am meisten vertieft.

5. Schieben Sie die Sie umgebende Farbe jetzt zuerst weiter weg, und lassen Sie sie dann näher herankommen, bis die Farbe an Ihren Körper reicht. Welche Entfernung vertieft Ihre Trance am meisten?

8. Erlebnis Meditation

6. Sie haben nun Ihre Grundeinstellungen des Sehens gefunden. Während Sie mit Ihrer Aufmerksamkeit noch einen Moment bei diesen Einstellungen verweilen, können Sie noch etwas mehr entspannen. Beginnen Sie nun mit der „bewegenden Trance", indem Sie Ihre Trancefarbe in Bewegung setzen. Beobachten Sie, wie Ihre Trancefarbe zu pulsieren beginnt. Es ist ein angenehmes Pulsieren, das sich gleichmäßig von Ihnen entfernt und wieder auf Sie zu bewegt.

7. Lassen Sie die Trancefarbe nun unterschiedlich schnell pulsieren. In welchem Rhythmus vertieft das Pulsieren der Farbe Ihr Trance-Erlebnis am stärksten? Experimentieren Sie auch damit, wie sie pulsiert. Ist eher ein sanftes, weiches Pulsieren trancevertiefend oder wenn die Farbe fließend, aber kraftvoll pulsiert? Wählen Sie den Rhythmus und die Art, die Ihr Trance-Erlebnis am meisten verstärken, und gleiten Sie in einen tiefen, entspannenden Trancezustand.

Grundeinstellungen des Sehens

1.	Trancefarbe:	...
2.	Trancefarbe:	*ins Sichtfeld fließen lassen*
3.	Farbton:	*heller/dunkler*
4.	Entfernung:	*näher/weiter weg*
5.	Ebene:	*zweidimensional/dreidimensional*
6.	Bewegende Trance:	*Trancefarbe pulsieren lassen*
7.	Pulsieren:	*Rhythmus und Art*

8. Erlebnis Meditation

Wenn innere Bilder Ihre Aufmerksamkeit ablenken

Mit geöffneten Augen sehen wir vieles auf einmal. Wir haben aber die Fähigkeit, etwas bestimmtes in den Vordergrund zu holen und alles andere nur im Hintergrund zu sehen. Es ist dann ebenfalls da, aber es lenkt unsere Aufmerksamkeit nicht mehr ab. Machen Sie das gleiche mit störenden inneren Bildern. Holen Sie die Farbvorstellung in den Vordergrund, und lassen Sie alle anderen Bilder in den Hintergrund treten. Dort können sie vorbeiziehen, während Ihre Aufmerksamkeit ganz bei der Farberstellung im Vordergrund ist.

Übung: II. Grundeinstellungen des Hörens

Gehen Sie nun mit Ihrer Aufmerksamkeit zu den inneren Klängen. Wenn Sie für gewöhnlich ein Mantra chanten (intonieren), behalten Sie dies ruhig bei. Probieren Sie einfach für sich aus, ob weitere Klänge oder Veränderungen im Klang Ihres Mantras die Meditationstiefe verstärken. Notieren Sie sich auch hier die Antworten auf die nachfolgenden Fragen.

1. Beginnen Sie damit, sich unterschiedliche rhythmische Klänge vorzustellen. Beispielsweise einen Ton einer Xylophontaste, den Klang eines auftreffenden Wassertropfens, den Ton einer Panflöte, Ihr Mantra, Trommeln oder ähnliches. Wählen Sie den Klang, der Sie am stärksten entspannt und Ihre Aufmerksamkeit weiter nach Innen führt.

2. Verändern Sie jetzt die Lautstärke Ihres Tranceklanges. Lassen Sie ihn lauter und anschließend wieder leiser werden. Wählen Sie dann die Lautstärke, die Ihren Trancezustand noch weiter vertieft.

3. Verändern Sie jetzt die Geschwindigkeit. Lassen Sie den Rhythmus Ihres Tranceklanges schneller und wieder langsamer werden. Wählen Sie den Rhythmus, der Sie tiefer in Trance gleiten läßt.

4. Verändern Sie jetzt Tonlage und Tonstärke. Lassen Sie den Klang zuerst höher und dann tiefer werden, und im Anschluß härter und danach weicher. Wählen Sie die Tonlage und die Tonstärke, die Sie tiefer in Trance führt.

5. Sie kennen nun Ihre Grundeinstellungen des Hörens. Gehen Sie jetzt zur bewegenden Trance über, versetzen Sie Ihren Tranceklang in Bewegung. Hören Sie, wie er in einem gleichmäßigen harmonischen Wechsel links und rechts von Ihnen erklingt.

Wenn Sie diese Klangweise im Inneren leicht hören können, gehen Sie dazu über, den Tranceklang in sanften Bewegungen um Sie herum kreisen zu lassen, so daß der Klang von allen Seiten zu kommen scheint.

8. Erlebnis Meditation

Grundeinstellungen des Hörens

1. Tranceklang: ...
2. Lautstärke des Tranceklanges: *lauter/leiser*
3. Geschwindigkeit des Tranceklanges: *schneller/langsamer*
4. Tonlage: *höher/tiefer*
   Tonstärke: *härter/weicher*
5. Sich bewegende Tranceklänge: *Tranceklang von links und rechts*
   Tranceklang kreisen lassen

Wenn innerer Dialog oder Stimmen Sie ablenken

Wenn Sie sich an einem Ort mit vielen sprechenden Leuten befinden, ist um Sie herum ein Stimmengewirr. Beispielsweise auf einer Party oder in der Pause einer Veranstaltung. In solchen Momenten können Sie die Stimmen der Menschen, mit denen Sie sich unterhalten, aus all dem Stimmengewirr herausfiltern. Sie richten dann Ihre Aufmerksamkeit nur auf das, was Sie hören wollen. Die anderen Geräusche und Klänge verschwinden im Hintergrund. Genau das können Sie auch in Ihrem Trancezustand tun. Richten Sie Ihre Aufmerksamkeit auf die Klänge, die Ihre Trance vertiefen, so daß alles andere belanglos leise im Hintergrund klingt.

Übung: III. Grundeinstellung des Fühlens

Werden Sie sich zu Beginn dieser Übung Ihrer Körperempfindungen bewußt. Auch hier sollte ein leichter bis mittlerer Trancezustand der Ausgangspunkt sein. Spüren Sie in Ihren Körper hinein, und lassen Sie sich dazu all die Zeit, die Sie benötigen.

Fühlen Sie an einer oder mehreren Stellen Ihres Körpers Druck? Spüren Sie Spannung? Wie schwer fühlen sich Ihre Körperteile an? Wie warm oder kühl ist Ihr Körper? Nehmen Sie Ihren Herzschlag wahr. Fühlen Sie, wie der Atem Ihre Lungen füllt. Wie der Sauerstoff beim Einatmen in Ihren ganzen Körper fließt und wie Ihr Körper bei jedem Ausatmen noch tiefer entspannt. Spüren Sie, wie das Blut durch Ihren Körper strömt. Nehmen Sie alle Körperempfindungen wahr, fühlen Sie in Ihrem Körper all das, was es in diesem Moment für Sie zu fühlen gibt. Lenken Sie Ihre Aufmerksamkeit jetzt noch weiter nach innen, und finden Sie die Antworten auf die folgenden Fragen.

1. Können Sie Schwingungen in Ihrem Körper wahrnehmen? Manchmal beginnt man Vibrationen innerhalb des Körpers erst dann zu fühlen, wenn man bewußt nach ihnen sucht.

Häufig schwingt der Körper entlang der Längsachse – im Bauch, am Herzen, im Hals oder im Kopf, manchmal aber auch an einer ganz andere Stelle. In welchen Körperstellen

8. Erlebnis Meditation

können Sie Vibrieren fühlen? Gibt es ein Zentrum, von dem aus sich Vibrationen in Ihrem Körper ausbreiten?

Welche Art von Bewegung ist in diesen Schwingungen? Bewegt sich das Vibrieren aus Ihrem Körper hinaus und auch wieder zu Ihnen zurück? Ist es eher wie ein Kreis, der sich um Sie herum bewegt? Oder hat es eine ganz andere Art von Bewegung? Vibrieren Sie eher langsam oder eher schnell? Bleiben die Schwingungen an einer Stelle oder bewegen sie sich innerhalb Ihres Körpers?

2. Beginnen Sie nun, das Vibrieren zu verändern. Lassen Sie es schneller und dann langsamer werden. Wählen Sie die Geschwindigkeit, die Ihre Trance noch weiter vertieft.

3. Fühlen Sie nun, wie die Schwingungen sich ausdehnen, so daß sie mehr und mehr Raum in Ihnen einnehmen. Ziehen Sie sie dann zusammen, so daß sie kleiner und dichter werden. Wieviel Raum müssen sie einnehmen, damit Sie noch tiefer in Trance gleiten?

4. Bewegen Sie das Vibrieren jetzt innerhalb Ihres Körpers. Finden Sie die Körperstelle oder die Körperstellen, an denen das Vibrieren Ihr Trance-Empfinden am meisten verstärkt.

> *Grundeinstellungen des Fühlens*
>
> 1. Aufmerksamkeit auf die Schwingungen lenken
> 2. Schwingungsgeschwindigkeit: *langsamer/schneller*
> 3. Raum: *sich ausdehnend/ sich zusammenziehend*
> 4. Ort: *Körperstellen, an denen die Schwingungen die Trance vertiefen*

Dies sind die Grundeinstellungen Ihrer Tranceschwingungen. Wenn Sie möchten, können Sie nun mit dem Gefundenen weiter experimentieren. Versuchen Sie beispielsweise, ob es Ihren Trancezustand noch weiter vertieft, wenn Sie die Schwingungen kreisförmig aus Ihrem Körper hinausgehen lassen und wieder zu sich zurückziehen. Oder dehnen Sie das Vibrieren aus, bis es jeden Teil Ihres Körpers durchströmt. Ihrer Kreativität sind hier keine Grenzen gesetzt.

Übung: IV. Die Meisterstufe – das Zusammenführen

In der Meisterstufe führen Sie alle drei Wahrnehmungsbereiche zusammen. Dabei setzen Sie jeweils nur die wirksamsten Einstellungen der Trancefarbe, des Tranceklanges und der Tranceschwingungen zu Ihrer Meditationsanleitung zusammen. Mit zunehmender Übung der einzelnen Bereiche werden Sie feststellen, daß es Einstellungen gibt, die Ihre Trancetiefe nur wenig beeinflussen, und Einstellungen, die Ihre Trance stark vertiefen. Die letzteren wählen Sie in der Meisterstufe für Ihre persönliche Tranceanleitung aus. Eine solche Auswahl könnte wie folgt aussehen:

Unser Beispiel

- Trancefarbe: *Königsblau – ein dreidimensionales kraftvolles Pulsieren im Rhythmus des Pulsschlages vertieft die Trance am stärksten*
- Tranceklang: *Wassertropfen – wenn sie weich im Rhythmus des Pulsschlages abwechselnd von links und von rechts einzeln „aufschlagen", vertiefen das Trance-Erlebnis zunehmend.*
- Tranceschwingungen: *schnell vibrierende und an der Körpermittetachse entlang wandernde Schwingungen vertiefen den Trancezustand am meisten.*

So führen Sie Ihre wirkungsvollsten Einstellungen zu Ihrer Tranceanleitung zusammen:

1. Gehen Sie zu Beginn wieder durch eine einleitende Entspannungsübung in einen leichten bis mittleren Trancezustand.

2. Lenken Sie Ihre Aufmerksamkeit nun weiter nach innen, indem Sie sich Ihrer Trancefarbe, Ihren Tranceklang und Ihren Tranceschwingungen in den jeweilig am stärksten wirkenden Einstellungen zuwenden. Beginnen Sie mit dem ersten Bereich, und nehmen Sie dann nach und nach die beiden anderen Bereiche mit hinzu. Gehen Sie dabei in der Reihenfolge vor, die sich am angenehmsten auf Ihren Trancezustand auswirkt,

und verweilen Sie jedesmal einige Augenblicke in der jeweils erreichten Trancetiefe.

In unserem Beispiel
Die Trancefarbe schwebt dreidimensional im Raum, als ob die Luft in dieser Farbe schimmern würde. Nun beginnt sie kraftvoll zu pulsieren im Rhythmus des Herzschlages. Dort würden wir einige Momente verweilen, um den bereits erreichten Trancezustand auszukosten. – Während die Trancefarbe weiter pulsiert, erklingt das weiche Aufschlagen eines Wassertropfens im Wechsel links und rechts und im Rhythmus der pulsierenden Trancefarbe. – Auch hier würden wir nun einige Augenblicke verweilen, um die erreichte Trancetiefe zu genießen. – Zu der pulsierenden Trancefarbe und dem im gleichen Rhythmus erklingenden Wassertropfen werden jetzt die Tranceschwingungen spürbar, die an der Körpermittelachse entlang vibrieren.

4. Verbinden Sie in der Reihenfolge, die Ihnen am angenehmsten ist, Ihre wirksamsten Trance-Einstellungen. Schwingungen, Farbe und Klang fügen sich so zu einem harmonischen Erlebnis zusammen, das Sie tiefer und tiefer in Trance gleiten läßt.

Wenn Sie Trance bereits meisterhaft erleben, können Sie in eine noch tiefere Trance eintauchen, wenn Sie die Tranceschwingungen wie folgt verändern:
Fühlen Sie Schwingungen in Ihrem Bauch, im Herzbereich und im Kopf, lassen Sie diese drei Stellen zuerst in der gleichen Geschwindigkeit vibrieren. Verändern Sie dann nacheinander die Schwingungsgeschwindigkeiten, so daß schließlich jede Stelle unterschiedlich schnell schwingt.

8.3 Was Sie in einer tieferen Trance für sich tun können

Haben Sie sich Ihren inneren Ruhe- und Kraftort bereits gestaltet? Wenn ja, können Sie in Verbindung mit tieferen Trancezuständen interessante und heilende „Ausflüge" dorthin unternehmen. Hier nun einige Anregungen, was Sie in tieferer Trance an diesem Ort für sich tun und finden können.

Übung: Rückzug in die Fülle

Manchmal haben wir einfach das Bedürfnis, uns von allem zurückzuziehen, um uns zu erholen und neue Energie zu sammeln. Ein Ort der Ruhe und der Kraft ist dafür bestens geeignet. Stellen Sie sich vor, dieser innere Platz wäre ein Ort der Fülle des Lebens. Jede Pflanze, jeder Stein, das Wasser, die Felsen, die Vögel, die Schmetterlinge, sogar die Luft und was immer an Ihrem Ruhe- und Kraftort existiert, würden diese Üppigkeit und Lebensenergie ausstrahlen – und Sie sind mittendrin! Lassen Sie sich von dieser Lebensenergie durchfluten. Legen Sie sich ins Gras oder auf das Moos und spüren Sie, wie die Kraft der Natur Sie durchströmt. Legen Sie Ihre Hände auf einen Felsen, und fühlen Sie die Ruhe eines Felsens in der Brandung. Gehen Sie in Ihrem See baden, und schwimmen Sie im Wasser des Lebens. Atmen Sie die klare Luft dieses Ortes, und füllen Sie Ihre Lungen mit dem Grundstoff des Lebens. Tanken Sie diese Fülle, und nehmen Sie diese Kraft mit in Ihr Alltagsbewußtsein.

Übung: Reinigungsritual

Fließendes Wasser hat eine stark reinigende Wirkung, und dies nicht nur in bezug auf das Säubern des Körpers. In alten geistigen Traditionen werden dem Wasser auch Reinigungskräfte für die Seele zugesprochen. Oftmals nehmen wir während des Tages „Energien" in uns auf, die nicht zu uns gehören und unangenehme Gefühle hinterlassen. Richten Sie sich an Ihrem Kraftort einen Bach oder ein Flüßchen ein, mit einem weichen, sandigen Grund und klarem, erfrischenden Wasser. Legen Sie sich in diesen Wasserlauf, wann immer Ihnen nach einer inneren Reinigung zumute ist. Fühlen Sie, wie das klare, reine Wasser alles aus Ihnen hinausspült, was Ihnen unangenehm war und nicht zu Ihnen gehört. Genießen Sie, wie ein solches Bad Ihren Geist und Ihre Seele geklärt und voller Ruhe zurückläßt.

Übung: Begegnungen

Ungeklärte Situationen mit Menschen, die uns wichtig sind, können sehr belasten. Oftmals ergibt sich aber keine Gelegenheit, eine Aussprache herbeizuführen. Dann kann es sehr helfen, ein solches Gespräch im Geiste zu vollziehen. Stellen Sie sich vor, diese Person würde Sie an Ihrem Ruhe- und Kraftort besuchen. Setzen Sie sich gemeinsam auf Ihr schönstes Fleckchen Erde, und sprechen Sie all das Belastende aus. Oftmals erlangen solche geistigen Gespräche einen eigentümlichen Schwung. Dann schlagen sie eine unerwartete Richtung ein und bringen eine kraftvolle Lösung hervor, die alle Beteiligten überrascht.

Übung: Eine lebendigere innere Erlebniswelt

Je tiefer ein Trancezustand ist, desto mehr Bewußtseinsebenen öffnen sich, die im Alltagsbewußtsein nur schwer oder gar nicht zugänglich sind. Diesen Umstand können Sie auch zum Üben von Vorstellungen in Wahrnehmungsweisen nutzen, die ansonsten eher schwerer fallen. Probieren Sie aus, auf welche Fähigkeiten Sie in diesem Bewußtseinszustand Zugriff haben!

Übung: Was gehört wirklich zu mir?

Oftmals tragen wir etwas in uns, von dem wir glauben, es sei das Eigene, zum Beispiel Ziele, Anforderungen, Meinungen, Lebenshaltungen und vieles mehr. An einem Ort der Ruhe und der Kraft können wir häufig die Stärke finden, uns den Inhalt unseres „Lebensrucksackes" einmal genauer zu betrachten. Stellen Sie sich vor, Sie würden ihn abschnallen, sich auf Ihren Lieblingsplatz setzen

8. Erlebnis Meditation

und den Inhalt auspacken. Breiten Sie das, was Sie in ihm finden, vor sich auf dem Boden aus. Was davon gehört wirklich zu Ihnen? Und was davon erscheint Ihnen eher fremd? Sind Dinge dabei, die Sie bisher für andere getragen haben? Vielleicht ist auch etwas dabei, das einmal das Ihre war, jetzt aber schon längst nicht mehr zu Ihnen gehört. Nutzen Sie die Chance und sortieren Sie das Gepäck Ihres Lebens. Geben Sie Fremdes dorthin zurück, wohin es gehört. Wenn Sie nicht wissen, wem es gehört, lassen Sie es einfach ziehen, mit der Gewißheit, es wird seinen Besitzer finden. Lassen Sie Altes und Überholtes in Ihre Vergangenheit wandern. Nehmen Sie sich einen Augenblick Zeit, um das Verbliebene zu betrachten. Wieviel leichter wird es nun sein, da Sie nur noch das Eigene tragen. Schnallen Sie sich den Rucksack Ihres Lebens wieder auf mit all dem, was wirklich zu Ihnen gehört.

9. Problemlösung durch Augenrollen

Unsere bewußten Augenbewegungen dienen dazu, Objekte in unseren Sehbereich zu bringen. Wir sehen nach oben, unten, links oder rechts, um etwas Bestimmtes in Augenschein zu nehmen. Augenbewegungen üben aber noch eine weitere wichtige Funktion aus. Sicherlich haben Sie schon einmal beobachtet, wie eine Person während eines Gespräches nach oben oder unten blickte. Beispielsweise kurz bevor sie eine Frage beantwortete. Diese Augenbewegungen sind unwillkürlich. Mit ihrer Hilfe wird der Zugang zu unseren Wahrnehmungsweisen „aktiviert". Ein Blick nach oben links oder rechts regt bei den meisten Menschen beispielsweise das Bildverarbeitungssystem an. In diesem System können wir innere Bilder erinnern und gestalten. Bei kleinen Kindern kann man diese Augenbewegung häufig beobachten. Sie träumen oft mit nach oben gerichteten Augen vor sich hin.

Insgesamt verfügen wir über sechs solcher „Aktivierungspunkte", die jeweils den Zugang zu einem Verarbeitungssystem des Sehens, Hörens und Fühlens herstellen. Diese sechs Aktivierungspunkte sind:

- Erinnern von Bildern
- Gestalten von Bildern
- Erinnern von Klängen
- Gestalten von Klängen

9. Problemlösung durch Augenrollen

- Innerer Dialog (Sprechen mit sich selbst)
- Gefühlswahrnehmung

Den Übergang von jedem Verarbeitungssystem zum nächsten leicht und flüssig vornehmen zu können, bedeutet, über eine höchstmögliche geistige Beweglichkeit zu verfügen. Bei Problemzuständen sind jedoch häufig Übergänge von einem System zum anderen „blockiert". Das hat zur Folge, daß die Bandbreite unseres Denkens und damit die Fähigkeit, Lösungen zu finden, eingeschränkt ist.

Eine solche Blockade äußert sich unter anderem darin, daß wir die Augenbewegung, die den Übergang von einem Verarbeitungssystem zum anderen bewirkt, nicht einwandfrei ausführen können. Die Augen machen entweder kleine Kurven und/oder können nur ruckartig anstatt fließend von einem Punkt zum anderen bewegt werden.

Mit der folgenden Übung wird die fließende Bewegung trainiert und damit der leichte Wechsel von einem Verarbeitungssystem zu jedem anderen geschult.

Übung: Augenrollen

Wenden Sie diese Vorgehensweise zuerst „trocken" an, das heißt, ohne dabei an einen problematischen Inhalt zu denken. Auf diese Weise wird es anschließend leichter sein, die Übung zur Lösung eines bestimmten Problems

9. Problemlösung durch Augenrollen

anzuwenden. Beim späteren „zielgerichteten" Augenrollen denken Sie dann an die einzelnen Gesichtspunkte des jeweiligen Themas, während Sie die Augen bewegen. Die beiden Grafiken auf der nächsten Seite zeigen alle Augenbewegungen, die trainiert werden können. Insgesamt sind dies 15 unterschiedliche „Bahnen". In welcher Reihenfolge Sie welche Bahn üben, bleibt ganz Ihnen überlassen. Sie sollten allerdings darauf achten, Ihre Augen auf allen fünfzehn Bahnen zu schulen – mit dem Endziel, jede der Bewegungen fließend und ohne Anstrengung ausführen zu können. Manchmal kann der eine oder andere Bewegungsablauf etwas mehr Übung benötigen. Lassen Sie sich dann einfach etwas länger Zeit, und wiederholen Sie diese Bewegung immer mal zwischendurch.

1. Nehmen Sie sich die erste Bahn vor, beispielsweise von A nach D. Achten Sie darauf, den Kopf stets gerade nach vorn zu halten und nur die Augen zu bewegen. Gehen Sie nun mit Ihren Augen ganz nach links und ganz nach oben, so daß Ihre Augen auf dem äußersten linken oberen Punkt Ihres Sehbereiches stehen.

2. Bewegen Sie Ihre Augen jetzt in einer geraden Linie von diesem Punkt zum äußersten rechten oberen Punkt Ihres Sehbereiches und wieder zurück. Wiederholen Sie die Bewegung mehrere Male.

3. Nehmen Sie sich dann die nächste Bahn vor, und verfahren Sie auf die gleiche Weise. Achten Sie darauf, daß Ihre Augen immer in einem entspannten Zustand

9. Problemlösung durch Augenrollen

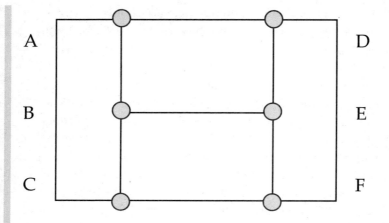

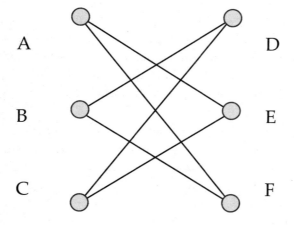

120

9. Problemlösung durch Augenrollen

sind. Wenn sich die Augen verspannen oder Ihnen schwindelig wird, sollten Sie auf jeden Fall eine Pause einlegen oder das Weiterüben auf später verschieben.

Das Entlangschauen an geraden Linien kann diese Übung sehr unterstützen. Nehmen Sie sich beispielsweise die Kanten eines Schrankes, Türrahmens oder auch die Zimmerdecke zuhilfe. Wichtig ist hier allerdings, daß Sie immer so sitzen oder stehen, daß sich Ihre Augen entlang des äußersten Randes Ihres Sehbereiches bewegen.

10. Wiederholbare Gefühlszustände

Unser Unterbewußtsein ist in der Lage, das Zusammentreffen zweier Ereignisse in unserer Umwelt wahrzunehmen und einen möglichen Zusammenhang zu erkennen. Beispielsweise den Zusammenhang zwischen Blitz und Donner bei einem Gewitter, oder einer nah ertönenden Autohupe und drohender Gefahr. Haben wir erst einmal gelernt, daß das Ertönen einer Autohupe gleichbedeutend mit Gefahr sein kann, reagiert unser Nervensystem automatisch: Es versetzt uns beim Wahrnehmen dieses Geräusches in Sekundenbruchteilen in einen wachen, alarmierten Gefühlszustand.

Dieser Mechanismus funktioniert auch in anderen Bereichen. Vielleicht kennen Sie ein Musikstück, das Sie immer wieder aufs neue romantisch stimmt; oder Sie haben ein Kleidungsstück, das bei jedem Tragen ein Gefühl von Wohlbefinden in Ihnen auslöst; oder Sie besitzen einen Gegenstand, bei dessen Betrachten Sie immer wieder Freude verspüren.

In diesen Fällen „koppelte" Ihr Nervensystem an das Hören des Liedes ein Gefühl von Romantik, an das Tragegefühl des Kleidungsstückes Wohlbefinden oder an das Sehen des Gegenstandes ein Gefühl der Freude. Ihr Nervensystem lernte außerhalb Ihres Bewußtseins, beim Wahrnehmen eines bestimmten äußeren Reizes (Musik-

10. Wiederholbare Gefühlszustände

stück, Kleidungsstück, Gegenstand) automatisch ein bestimmtes Gefühl auszulösen. Ein solcher äußerer Reiz, der eine bestimmte Gefühlsreaktion hervorruft, wird im NLP als *Anker* bezeichnet.

Sie können sich Anker auch bewußt schaffen, indem Sie Ihr Nervensystem gezielt darauf trainieren, auf einen bestimmten Reiz mit einem von Ihnen gewählten Gefühl zu reagieren.

Übung: Anker setzen – Gefühle abrufen

Mit dieser Übung können Sie sich Anker schaffen, an die besonders gute Gefühlszustände gekoppelt sind. Zum Beispiel einen Anker, der ein Gefühl von Souveränität auslöst; und/oder einen Anker für Gelassenheit, für Entspanntsein, Selbstsicherheit, Wohlbefinden usw. Jeden von Ihnen gewünschten Gefühlszustand können Sie mit den folgenden Übungsschritten „verankern". Voraussetzung ist allerdings, daß Sie dieses Gefühl mindestens einmal erlebt haben und sich an diese Situation auch lebendig erinnern können. Notieren Sie sich Ihre Erinnerungen am besten auf einen Zettel, so daß sie immer wieder daraufschauen können, um sie fest zu verankern.

1. Wählen Sie einen Gefühlszustand aus, den Sie bei sich verankern wollen.
   Erinnern Sie sich nun an eine Situation, in der Sie genau dieses Gefühl sehr stark spürten.

10. Wiederholbare Gefühlszustände

2. **Was haben Sie in dieser Situation gesehen?**
   Erinnern Sie sich so genau wie möglich daran, was in dieser Situation für Sie zu sehen war!

3. **Was haben Sie in dieser Situation gehört?**
   Erinnern Sie sich auch hier an Einzelheiten dessen, was Sie in der Situation gehört haben!

4. **Was haben Sie in dieser Situation gedacht?**
   Erinnern Sie sich an Ihre Gedanken in dieser Situation. Was ging Ihnen durch den Kopf?

5. Während Sie sich nun an die Einzelheiten der Situation immer genauer erinnern, werden Sie sich Ihrer Gefühle von damals bewußt. Was genau haben Sie gefühlt, während Sie sahen, was zu sehen war, hörten, was zu hören war, und die Gedanken durch Ihren Kopf zogen? Wie genau fühlte es sich damals an, in dieser Situation zu sein?

6. Fühlen Sie dieses Gefühl nun mit geschlossenen Augen, wie Sie es damals gefühlt haben. Wie würden Sie dieses Gefühl benennen? Wo in Ihrem Körper können Sie es am deutlichsten spüren? Bleiben Sie mit Ihrer Aufmerksamkeit genau dort, und spüren Sie nach, wie es sich anfühlt. Fühlen Sie Wärme oder Kühle? Spüren Sie Bewegung, wie ein Fließen oder Pulsieren? Oder fühlen Sie es ganz anders? Bleiben Sie mit Ihrer Aufmerksamkeit noch etwas länger bei diesem angenehmen Fühlen. Lassen Sie das Gefühl jetzt noch etwas stärker werden, so daß Sie es noch deutlicher spüren

10. Wiederholbare Gefühlszustände

können. Legen Sie dann eine Hand auf genau die Körperstelle, an der Sie das Gefühl am deutlichsten spüren.

Um diese Übung erfolgreich durchführen zu können, müssen die Gefühle von damals deutlich im Körper spürbar sein. Nehmen Sie sich ausreichend Zeit, um Ihr Gefühl aus der damaligen Situation wiederzuholen. Je stärker Sie sich an das Gefühl erinnern, desto besser „sitzt" später der Anker. Wenn es Ihnen eher schwerfällt, die Gefühle aus der entsprechenden Situation jetzt wieder zu spüren, finden Sie auf den nächsten Seiten Unterstützung.

7. Öffnen Sie jetzt die Augen, während Ihre Hand weiterhin auf dieser Körperstelle liegt. Bleibt das Gefühl? Wenn nein, gehen Sie zurück zu Schritt 6. Wenn ja, gehen Sie weiter zu Schritt 8.

8. Nehmen Sie Ihre Hand nun weg. Bleibt das Gefühl? Wenn nein, gehen Sie zurück zu Schritt 6. Wenn ja, weiter zu Schritt 9.

9. Testen Sie nun, ob Ihr Anker „sitzt". Denken Sie für einige Zeit an etwas anderes, bis das Gefühl, das Sie gerade geankert haben, nicht mehr zu spüren ist. Legen Sie dann Ihre Hand wieder auf die Körperstelle, an der das Gefühl am deutlichsten zu spüren war. Kommt das Gefühl von alleine wieder? Wenn es nicht wieder kommt, oder Sie im Inneren etwas dazu tun müssen, damit es wiederkommt, durchlaufen Sie die Übungsschritte noch einmal. Wenn das Gefühl von

alleine wiederkommt, haben Sie diese Übung erfolgreich beendet!

Sie haben Ihren Anker nun erfolgreich gesetzt! An das Auflegen Ihrer Hand auf diese Körperstelle ist nun das Hervorrufen des entsprechenden Gefühls gekoppelt. Sie können diesen Anker zukünftig auslösen, wann immer Sie dieses spezielle Gefühl spüren möchten. Eine Faustregel hierbei ist – je stärker der Anker, desto stärker seine Wirkung! Wie Sie Ihren Anker verstärken können, finden Sie auf den nächsten Seiten.

Sie können sich mit dieser Übung auch Anker für Ihre Trancen erzeugen. So können Sie sich sowohl einen Anker für einen leichte bis mittlere Trancezustand setzen als auch einen Anker, um wieder ins Hier und Jetzt zurückzukommen.

10.1 Tips und Kniffe

Erfolgreiches Ankern von Gefühlen setzt voraus, daß man sich an vergangene Gefühle spürbar erinnern kann. Einigen Menschen fällt dies sehr leicht. Sie denken an die Situation und spüren fast umgehend die Gefühle von damals, so als würden sie diese jetzt gerade erleben.
Andere dagegen tun sich damit etwas schwerer. Dies hängt vor allem mit der Art und Weise zusammen, wie Erinnerungen gespeichert und wieder abgerufen werden. Hier kommt es auf die richtige Vorgehensweise an. Im folgenden sind drei unterschiedliche Anleitungen be-

10. Wiederholbare Gefühlszustände

schrieben, die Sie darin unterstützen können, Ihre Gefühlserinnerung zugänglich zu machen. Auf Seite 129 finden Sie dann eine Beschreibung, wie Sie bereits bestehende Gefühlsanker noch verstärken können.

Übung: Sich in die Erinnerung „hineinbegeben"

Erinnerungen können Sie sich grundsätzlich auf zwei verschiedene Arten ins Gedächtnis rufen. Die eine Art ist, das Erinnerte in einiger Entfernung vor sich zu sehen. So als würden Sie ein Foto betrachten oder einen Film ansehen. Häufig sieht man sich selbst in dieser Erinnerungsweise von außen. Die andere Art ist, sich zu erinnern, als würden Sie die Situation jetzt gerade in diesem Moment aufs neue erleben. Sie sehen dann genau das, was Sie damals gesehen haben, vom gleichen Blickwinkel aus gesehen, den Sie in dieser Situation hatten. Diese Art sich zu erinnern, ermöglicht Ihnen einen leichteren Zugang zu Ihren damaligen Gefühlen.

Begeben Sie sich also in Ihre Erinnerungen hinein. Erinnern Sie sich an das, was Sie damals sahen, so, als würden Sie es jetzt gerade sehen. Erinnern Sie sich an das, was Sie damals hörten, so, als würden Sie es jetzt gerade hören. Sehen Sie, was Sie damals sahen, als würden Sie es jetzt gerade sehen. Wenn Sie soweit sind, können Sie beginnen, die Gefühle zu spüren, die Sie damals bewegten.
Sie können sich auch vorstellen, Ihre Erinnerung wäre auf einer Bühne aufgebaut. Das Bühnenbild wäre ein genaues

Abbild der erinnerten Situation. Stellen Sie sich dann vor, Sie laufen auf die Bühne zu, gehen die Stufen empor, bis Sie schließlich mittendrin stehen und Ihre Erinnerung mit den Gefühlen wieder lebendig wird.

Übung: Erinnern von Einzelheiten

Bei vielen Menschen ist die Erinnerung des damaligen Geschehens mit Einzelheiten verknüpft. Eine weitere Möglichkeit, die Gefühle ins Gedächtnis zu rufen, ist daher, sich eine Situation immer detaillierter zu vergegenwärtigen. Nehmen Sie sich hierzu ausreichend Zeit, und lassen Sie die Einzelheiten der vergangenen Situation wieder lebendig werden.

- Erinnern Sie, was Sie damals gesehen haben. War Ihr Blick auf einen bestimmten Punkt gerichtet, oder schweiften Ihre Augen umher? Was genau haben Sie betrachtet?

- Was haben Sie damals gehört? Waren andere Personen bei Ihnen, haben Sie über etwas gesprochen? Haben Sie andere Geräusche oder Klänge gehört? Wenn ja welche, von wo genau kamen diese?

- Was haben Sie damals gedacht, während Sie die Einzelheiten sahen und hörten?

Erinnern Sie sich immer genauer an die Einzelheiten, bis das Gefühl deutlich für Sie spürbar ist.

10. Wiederholbare Gefühlszustände

> ### *Drei wichtige Punkte zum Ankern*
>
> - Ankern Sie nur Gefühle, die sich stark entfalten.
> - Überprüfen Sie vor dem Ankern, daß dem gewünschten Gefühl kein unerwünschtes Gefühl „beigemischt" ist, wie beispielsweise „Selbstsicherheit vermischt mit Traurigkeit".
> - Der Anker entfaltet später die größte Wirkung, wenn Sie mit dem Ankern beginnen, sobald das Gefühl deutlich spürbar ist, und den Anker loslassen, sobald das Gefühl schwächer wird.

Übung: Gefühlsanker verstärken

Je stärker ein Gefühl „verankert" ist, desto stärker entfaltet es sich, wenn der Anker ausgelöst wird. Wenn Sie einen Gefühlszustand für sich jederzeit abrufbar machen möchten, empfiehlt es sich daher, das entsprechende Gefühl **mehrfach** zu ankern.

Eine einfache und dennoch wirkungsvolle Vorgehensweise ist, Gefühlszustände zu ankern, wenn diese im Alltag auftreten. Wenn ein Gefühl, das Sie stärker verankern möchten, durch eine entsprechende Situation im Alltag hervorgerufen wird, gehen Sie wie folgt vor:

1. Lenken Sie Ihre Aufmerksamkeit auf die Körperstelle, in der Sie das Gefühl am deutlichsten spüren können, und lassen Sie es noch etwas intensiver werden.

10. Wiederholbare Gefühlszustände

2. Bleiben Sie mit Ihrer Aufmerksamkeit bei dem Spüren dieses Gefühles, und verstärken Sie Ihren Anker durch die folgende Vorgehensweise:

- *Wenn Sie das Gefühl zuvor mit der Übung „Anker setzen – Gefühle abrufen" geankert haben:*
  Verstärken Sie Ihren Anker, indem Sie eine Hand auf genau die gleiche Körperstelle legen, wie beim ursprünglichen „Anker setzen".

- *Wenn Sie das Gefühl mit der Übung* **Der magische Kreis** *(siehe Seite 133) geankert haben:*
  Stellen Sie sich Ihren magischen Kreis mit seiner Farbe vor und „treten Sie hinein".

- *Wenn Sie das Gefühl mit einer bestimmten Geste geankert haben (siehe Seite 136):*
  Benutzen Sie diese Geste erneut.

3. Sobald das Gefühl schwächer zu werden beginnt, lassen Sie den Anker los, indem Sie die Hand wegnehmen, aus dem Kreis heraustreten oder die Geste lösen.

Mit dieser Vorgehensweise können Sie sich echte „Power-Anker" schaffen, mit denen Sie Ihren Alltag um vieles angenehmer und erfolgreicher gestalten können.

10. Wiederholbare Gefühlszustände

Übung: Gefühle stärker spüren

Wenn Sie eine Situation erinnern, und die Gefühle von damals stärker spüren möchten, können Sie folgende Vorgehensweise anwenden. Nehmen Sie wahr, was genau das Gefühl in Ihnen hervorruft. Ist es das, was Sie sehen, oder das, was Sie hören?

1. *Wenn es das ist, was Sie hören:*
   Ist es eine Stimme, die das Gefühl auslöst, oder sind es Geräusche?

- Wenn es eine Stimme ist, hören Sie die Worte im Inneren in genau der Art und Weise, wie diese damals ausgesprochen wurden.

- Wenn es Geräusche sind, hören Sie sich diese im Inneren an.

   Hören Sie sich das, was das Gefühl verstärkt, immer wieder an, bis das Gefühl für Sie deutlich spürbar wird.

2. *Wenn es das ist, was Sie sehen:*
   Was genau von dem, was Sie sehen, löst das Gefühl in Ihnen aus?

- Ist es eine Person, deren Gesicht, deren Körper oder eine bestimmte Geste?

10. Wiederholbare Gefühlszustände

- Ist es ein Gegenstand oder ein Ausblick?

Betrachten Sie sich das, was das Gefühl verstärkt, so lange, bis Sie das Gefühl deutlich fühlen können.

10.2 Der magische Kreis

Diese wunderschöne Ankerübung kann vor allem zur Problemlösung genutzt werden. Im „magischen Kreis" werden Gefühlszustände geankert, die eine gute Voraussetzung zur Lösung einer Problemsituation schaffen. Wenn Sie Gefühle aus bereits gemeisterten schwierigen Situationen in diesem Kreis ankern, kann er zu einem wahren Kraftquell für Sie werden. Stellen Sie sich vor, Sie würden ein Problem zukünftig in folgender Haltung angehen:

Erinnerungen an bereits vergangene schwierige Situationen, die Sie erfolgreich meistern konnten, sind Ihnen gegenwärtig; Sie sind von Selbstbewußtsein und Kraft erfüllt und verspüren Ruhe und die Zuversicht, die Problemsituation zur Zufriedenheit aller Beteiligten lösen zu können.

Ein solcher Gefühlszustand fördert grundlegende Voraussetzungen, um Schwierigkeiten erfolgreich zu überwinden: Handlungsfähigkeit und klares Denkvermögen. Erschaffen Sie sich Ihren magischen Kreis, eine Kraftquelle, die Sie ab jetzt bei der Lösung von Problemsituationen unterstützen wird.

10. Wiederholbare Gefühlszustände

Übung: Der magische Kreis

1. Lassen Sie als erstes Ihren „magischen Kreis" vor Ihrem geistigen Auge entstehen. In diesem Kreis werden Sie später Gefühlszustände ankern, die Sie bei der Lösung von Problemen unterstützen werden. Welche Farbe paßt zu dieser Aufgabe? Stellen Sie sich vor, daß vor Ihnen auf dem Boden Ihr magischer Kreis in genau dieser Farbe entsteht.

2. Wählen Sie nun eine vergangene Situation aus, in der Sie ein schwierigeres Problem gemeistert haben. Je größer das Erfolgserlebnis damals war, desto besser ist es für die Übung.

3. Erinnern Sie sich nun so lebhaft, wie Sie können, an diese Situation. Was haben Sie damals gefühlt, als Sie das Problem erfolgreich gelöst hatten? Wie würden Sie dieses Gefühl benennen? Nehmen Sie nun wahr, wie sich dieses Gefühl damals in Ihrem Körper anfühlte, und spüren Sie es jetzt, als würden Sie die Situation in diesem Moment noch einmal erleben. Es ist wichtig, daß sich die Gefühle spürbar stark in Ihrem Körper entfalten. Wenn dies nicht der Fall ist, wenden Sie eine der Anleitungen zur Verstärkung der Gefühlsempfindung aus *Tips und Kniffe* (Seite 127) an.

4. Wenn Sie das Gefühl deutlich fühlen können, machen Sie einen Schritt nach vorne, und treten Sie in Ihren magischen Kreis. Erleben Sie das angenehme Gefühl

10. Wiederholbare Gefühlszustände

in Ihrem magischen Kreis, und lassen Sie es sogar noch etwas stärker werden. Wenn das Gefühl schwächer wird, treten Sie wieder aus dem Kreis heraus.

5. Beschäftigen Sie sich nun für einige Minuten mit etwas ganz anderem, bis sich das Gefühl völlig aufgelöst hat.

6. Stellen Sie sich nun wieder Ihren magischen Kreis vor und treten Sie hinein. Kommt das Gefühl, daß Sie eben geankert haben, von alleine wieder? Wenn nicht, gehen Sie zurück zu Schritt 3. Wenn das Gefühl von selbst wiederkommt, ist das Gefühl in Ihrem magischen Kreis geankert!

Es empfiehlt sich, den magischen Kreis „kraftvoll" zu ankern. Durchlaufen Sie die Übung mit vielen verschiedenen Erinnerungen. Wählen Sie dazu Situationen aus, in denen Sie besonders starke Gefühle von Selbstbewußtsein, geistiger Klarheit, Durchhaltevermögen, Zuversicht usw. erlebten.

Um nun zukünftig in einen guten Zustand für eine Problemlösung zu kommen, können Sie Ihren magischen Kreis betreten, bevor Sie sich über eine Lösung Gedanken machen. ***Wichtig ist hierbei, daß Sie das Problem innerlich „ablegen", bevor Sie Ihren magischen Kreis betreten***.

Stellen Sie sich beispielsweise vor, Sie legen das Problem neben sich in eine Kiste. Lassen Sie alles, was mit diesem Problem zu tun hat, in die Kiste „fließen", und machen Sie dann den Deckel zu. Erst dann steigen Sie in Ihren magischen Kreis und lösen somit Ihre „Lösungsanker" aus. Warten Sie, bis sich Ihre Anker kraftvoll entfaltet haben, und nehmen Sie dann das Problem aus der Kiste. Welche neuen Sichtweisen werden jetzt für Sie offensichtlich? Nehmen Sie alle für Sie relevanten Aspekte der Situation wahr, und finden Sie Ihren Lösungsweg!

10.3 Gefühlszustände an Gesten ankern

Sie können spontan auftretende Gefühle auch an eine unauffällige Geste ankern. Beispielsweise ein Gefühl von Konzentration an das Zusammendrücken von Daumen und Zeigefinger.
Drücken Sie hierzu jedesmal, wenn Sie im Alltag besonders konzentriert sind, Daumen und Zeigefinger fest zusammen. Lenken Sie Ihre Aufmerksamkeit währenddessen darauf, wie sich das Gefühl in Ihrem Körper anfühlt. Und lassen Sie die Finger los, sobald das Gefühl von Konzentration nachzulassen beginnt. Je öfter Sie dies wiederholen, desto stärker koppelt Ihr Nervensystem an das Zusammendrücken von Daumen und Zeigefinger den Zustand Konzentration. Infolge davon wird diese Berührung Ihrer Finger ein Anker für „konzentriert-sein" werden.
Diese Vorgehensweise können Sie für jedes beliebige Gefühl anwenden, das Sie gerne bewußt abrufen möchten. So können Sie auch einen Gefühlszustand aus verschiedenen Gefühlen „basteln". Beispielsweise einen Zustand von Selbstbewußtsein und Stärke, oder Wachheit und Kon-

zentration, oder Entspanntsein und Aufmerksamkeit. Benutzen Sie hierzu ein- und dieselbe Geste als Anker.

Achten Sie bei dieser Art des Ankerns jedoch auf die folgenden beiden Punkte:

- Wählen Sie die Geste, an welche Sie ein oder mehrere Gefühle ankern wollen, sorgfältig aus. Es sollte keine Geste sein, die Sie im Alltag benutzen, wie beispielsweise das Drücken der Handfläche.
- Die Gesten müssen genau wiederholbar sein. Eine vage Handbewegung zum Beispiel kann Ihr Nervensystem als Anker nicht zuordnen.

10.4 Anker im Alltag

Ankern findet im täglichen Leben auf einer unbewußten Ebene ständig statt. Aus diesem Grund ist, neben dem gezielten Erschaffen von Ankern, sowohl das Nutzen als auch das Auflösen von bereits vorhandenen Ankern sinnvoll.

Das Auflösen bereits vorhandener Anker ist immer dann von Vorteil, wenn mit diesem Anker unangenehme Gefühle gekoppelt sind. Ein Beispiel hierfür könnte ein Gegenstand, wie beispielsweise ein Foto, sein, das unbewußt unangenehme Erinnerungen wachruft.

10. Wiederholbare Gefühlszustände

Beispiel

Anker: *Kaffeetasse*
Wird ausgelöst durch: *in der Hand halten*
Ruft Gefühl hervor: *Verletztsein*
Verbindung: *Geschenk eines Exfreundes, der im Streit ging*

Oder ein Musikstück, das negative Gefühle auslöst. Ein bestimmter Geruch oder Geschmack kann selbst weit zurückliegende Erinnerungen ins Gedächtnis rufen. Frustkäufe haben oftmals eine nachteilige Ankerwirkung. Kleidungsstücke, die man in einem Frustzustand kaufte, rufen häufig beim Tragen wieder das Frustgefühl hervor, in welchem man sich beim Kauf befand. Meistens werden Zusammenhänge dieser Art erst dann bewußt, wenn wir ihnen Aufmerksamkeit schenken. Ich möchte Sie daher ermuntern, sich Ihre Umwelt diesbezüglich einmal näher zu betrachten. Wenn Ihnen solche unangenehmen Anker auffallen, entfernen Sie diese einfach aus Ihrem Leben!

Bereits vorhandene Anker, die angenehme Gefühle auslösen, können dagegen im Alltag bewußt genutzt werden. Ein bestimmter Geruch oder Geschmack kann selbst verschollen geglaubte Kindheitserinnerungen wiederholen, wie beispielsweise der Duft eines frisch gebackenen Kuchens die wohlige Geborgenheit in der Küche der Großmutter.

10. Wiederholbare Gefühlszustände

Beispiel
Anker: *Duft von Orchideen*
Wird ausgelöst durch: *Riechen*
Ruft Gefühl hervor: *Entspanntheit, Glück*
Verbindung: *Erinnerung an einen Urlaub auf Hawaii*

Bestimmte Gegenstände oder Kleidungsstücke können ebenfalls angenehme Anker sein. Auch Musik kann schöne Gefühlserinnerungen wachrufen. Spüren Sie solche angenehmen Anker in Ihrem Alltag auf. Sie können diese dann nicht nur dazu nutzen, sich noch besser zu fühlen, sondern auch um einen unangenehmen Zustand zu vertreiben. Ziehen Sie zum Beispiel Kleidungsstücke an, an die starke Gefühle von Wohlbefinden geankert sind, wenn Sie einmal nicht so „gut drauf" sind. Oder hören Sie eine Musik, die Sie jedesmal fröhlich stimmt, wenn Sie sich traurig fühlen.

In Gewohnheiten stecken oft ebenfalls nützliche Anker. So können Sie Anker auf ganz natürliche Weise schaffen, indem Sie eine bestimmte Sache immer wieder auf die gleiche Weise angehen.

Wenn Sie beispielsweise meditieren, wird eine Musik, wenn Sie diese regelmäßig und *nur* zur Meditation hören, ein Anker für diesen Trancezustand. Das gleiche gilt, wenn Sie zur Meditation einen bestimmten Duft verwenden. Duft und Musik können mit der Zeit zu so starken Ankern werden, daß diese alleine ausreichen, um einen Trancezustand einzuleiten.

10.5 Superkleber für den Geist

Wie merken Sie sich, daß Sie heute nachmittag eine bestimmte Person anrufen wollen? Wie denken Sie daran, welche Lebensmittel Sie einkaufen möchten? Wie stellen Sie sicher, daß Sie Ihr Auto im Parkhaus wiederfinden? Wie merken Sie sich neue Telefonnummern oder, jemandem etwas Bestimmtes auszurichten?

Sicherlich haben Sie die eine oder andere Aufgabe dieser Art schon erfolgreich bewältigt. Sie gaben sich eine Anweisung (z.B. sich den Parkhausstellplatz zu merken) und erinnerten sich zum richtigen Zeitpunkt an das, was Sie erinnern wollten (wo genau Ihr Auto stand). Sehr wahrscheinlich kennen Sie aber auch Fälle, die nicht so gut glückten. Dann vergaßen Sie entweder das, was Sie erinnern wollten, oder die Erinnerung kam immer wieder zum falschen Zeitpunkt.

Ob und wie gut eine solche Erinnerungsanweisung funktioniert, hängt von der Vorgehensweise ab. Anker spielen hier eine entscheidende Rolle.
Richtig genutzt werden Anker zu „Superklebern für den Geist". Mit der entsprechenden Vorgehensweise versetzen Sie sich daher in die Lage, wichtige Dinge zum richtigen Zeitpunkt zu erinnern.

10. Wiederholbare Gefühlszustände

Übung: Superkleber für den Geist

1. Wählen Sie etwas aus, das Sie in naher Zukunft erinnern möchten. Zu welchem Zeitpunkt wollen Sie was genau erinnern?

   Beispiel
   Sie möchten sich die Nummer des Stellplatzes im Parkhaus merken. Als Zeitpunkt, zu dem Sie die Stellplatznummer erinnern möchten, wählen Sie das Bezahlen der Parkkarte.

2. Wählen Sie nun die Auslöser, welche die Erinnerung auslösen sollen. Die beste Wirkung erzielen Sie, wenn Sie Auslöser in allen drei Hauptwahrnehmensweisen wählen, also etwas, das Sie zu dem gewählten Erinnerungszeitpunkt in jedem Fall sehen werden, etwas, das Sie in jedem Fall hören werden und etwas, das Sie in jedem Fall spüren werden.

Auf diese Weise wird die Erinnerung von drei voneinander unabhängigen Wahrnehmungen ausgelöst. Das wirkt sich sehr vorteilhaft auf das Erinnerungsvermögen aus.

Unser Beispiel
Beim Bezahlen der Parkkarte sehen Sie in jedem Fall den Parkautomaten. Sie hören beim Bezahlen das Geräusch, das der Parkautomat beim Bedrucken der Parkkarte macht. Sie spüren, wie Sie die Parkkarte wieder aus dem Automaten ziehen.

10. Wiederholbare Gefühlszustände

3. Suchen Sie sich nun zu jedem der drei Auslöser eine passende innere Vorstellung.

- Finden Sie zu dem, was Sie in jedem Fall sehen werden, ein inneres Bild, welches Sie an das zu Erinnernde erinnert;

- zu dem, was Sie in jedem Fall hören werden, einen inneren Klang;

- zu dem, was Sie in jedem Fall spüren werden, eine innere Empfindung.

Unser Beispiel
Wenn Sie den Parkautomaten erblicken, soll vor Ihrem geistigen Auge die Ziffernfolge des Stellplatzes erscheinen. Wenn Sie das Druckgeräusch des Automaten hören, sollen Sie im Inneren eine Stimme hören, welche die Nummer des Stellplatzes ausspricht. Wenn Sie spüren, wie Sie die Parkkarte aus dem Automaten ziehen, sollen Sie im Inneren eine Hand spüren, welche die Ziffern der Stellplatznummer nachzieht.

Mit den folgenden drei Schritten machen Sie aus den gefundenen Auslösern Ihre Erinnerungsanker. Nehmen Sie sich dazu anfangs ausreichend Zeit. Mit zunehmender Übung wird dieser Vorgang dann nur noch eine Minute in Anspruch nehmen. Wiederholen Sie jeden der drei Schritte jeweils drei- bis viermal, um den Auslöser fest zu „verankern".

10. Wiederholbare Gefühlszustände

4. Stellen Sie sich den Auslöser im Sehen vor. Betrachten Sie das Bild einige Sekunden, und sehen Sie dann das Erinnerungsbild in Ihrem Inneren.

Unser Beispiel

Stellen Sie sich den Parkautomaten vor. Betrachten Sie dieses Bild einige Sekunden, und sehen Sie dann vor Ihrem geistigen Auge die Ziffernfolge des Stellplatzes.

5. Stellen Sie sich nun den Auslöser im Hören vor. Lauschen Sie dem Klang einige Sekunden, und hören Sie dann den Erinnerungsklang in Ihrem Inneren.

Unser Beispiel

Stellen Sie sich das Geräusch vor, das der Parkautomat beim Bedrucken der Parkkarte macht. Hören Sie diesen Klang für einige Sekunden, und hören Sie dann die Stimme in Ihrem Inneren, welche die Nummer des Stellplatzes sagt.

6. Stellen Sie sich nun den Auslöser im Fühlen vor. Spüren Sie die Empfindung für einige Sekunden, und fühlen Sie dann die Erinnerungsempfindung.

Unser Beispiel

Stellen Sie sich nun vor, wie es sich anfühlt, wenn Sie die Parkkarte aus dem Automaten ziehen. Fühlen Sie diese Empfindung für einige Sekunden, und spüren Sie dann, wie eine innere Hand die Stellplatznummer nachzieht.

10. Wiederholbare Gefühlszustände

Ein weiteres Beispiel

Sie möchten sich daran erinnern, einen Freund anzurufen, wenn Sie nach Hause kommen.

Auslöser:
- *Anblick der Haustür*
- *Fühlen der Türklinke*
- *Klang der Tür beim Zuschlagen*

Erinnerungsvorstellung:
- *Gesicht des Freundes erscheint im Inneren*
- *Fühlen, wie Sie den Telefonhörer abheben*
- *Tuten des Telefons, wenn es beim Freund klingelt*

11. Zwanghaftes Verhalten lösen

Zwanghaftes Verhalten kann sehr störend sein. Dabei kann es sich nur um eine Tafel Schokolade handeln, die man, einmal angebrochen, ganz aufessen muß. Oder um Erdnußkerne, die, wenn einmal auf dem Tisch, vollständig „weggeputzt" werden müssen. Oder auch um zwanghafte Angewohnheiten wie Nägel kauen oder Lippenhaut abzupfen.

Diese Zwänge zeichnen sich vor allem dadurch aus, daß die betreffende Person gerne damit aufhören würde, sich aber geradezu „unwiderstehlich" dazu getrieben fühlt weiterzumachen. Im NLP wurden einige Übungen entwickelt, um solchen Zwängen Herr zu werden. Zwei der wirkungsvollsten sind im folgenden beschrieben.

Übung: Zwänge zerplatzen lassen

1. Welches zwanghafte Verhalten möchten Sie gerne bei sich lösen? Erinnern Sie sich an eine Situation, in der Sie sich auf genau diese Weise zwanghaft verhalten haben.

- Was genau ist in dieser Situation geschehen?

- Wie genau haben Sie sich verhalten?

   Erinnern Sie die Situation so lebhaft und in so vielen Einzelheiten, wie es Ihnen möglich ist.

11. Zwanghaftes Verhalten lösen

2. Gehen Sie in Ihrer Erinnerung zu dem Punkt, an dem der Zwang für Sie spürbar wird. Lassen Sie die Zeit kurz rückwärts laufen, um die folgende Frage beantworten zu können: Was genau geschieht, kurz bevor Sie den Zwang verspüren?

- Sehen Sie etwas in Ihrem Inneren?

- Hören Sie etwas im Inneren?

- Spüren Sie eine bestimmte Körperempfindung?

3. Finden Sie nun heraus, was genau an dem inneren Bild, dem inneren Klang bzw. der inneren Empfindung das zwanghafte Verhalten in der Vergangenheit auslöste.

- *Wenn der Zwang durch ein inneres Bild ausgelöst wird:*
  Schauen Sie sich dieses innere Bild genau an. Was an diesem Bild ruft das zwanghafte Verhalten hervor?

Beispiel
Das Bild kommt näher, und der Zwang wird stärker; oder das Bild wird größer, und der Zwang wird stärker.

- *Wenn der Zwang durch einen Klang im Inneren ausgelöst wird:*
  Erlauschen Sie, was genau an diesem Klang den Zwang verstärkt.

11. Zwanghaftes Verhalten lösen

Beispiel
Das Geräusch wird lauter, und der Zwang wird stärker; oder die Stimme kommt näher, und der Zwang wird stärker.

- **Wenn der Zwang durch eine Körperempfindung ausgelöst wird:**
  Spüren Sie nach, was genau an dieser Empfindung den Zwang hervorruft.

Beispiel
Das Druckgefühl im Magen dehnt sich aus, und der Zwang wird stärker; oder die Spannung im Kiefer nimmt zu, und der Zwang wird stärker.

4. Lassen Sie jetzt genau diese Eigenschaft über alle Grenzen hinauswachsen! Wiederholen Sie diesen Vorgang, wenn nötig!

- Wenn der Zwang bisher beispielsweise durch das Näherkommen eines inneren Bildes ausgelöst wurde, lassen Sie das Bild jetzt näher und näher kommen, bis es auf Ihnen „aufprallt", durch Sie hindurchgeht und schließlich zerplatzt.

- Wenn der Zwang bisher durch das Größerwerden eines Bildes ausgelöst wurde, lassen Sie das Bild wachsen und wachsen, bis es zu einem riesigen Berg geworden ist, und schließlich so überdimensional groß geworden ist, daß es platzt.

11. Zwanghaftes Verhalten lösen

- Wenn der Zwang zum Beispiel durch das Lauterwerden eines Klanges ausgelöst wurde, lassen Sie ihn lauter und lauter werden, bis er so laut ist, daß er zerplatzt.

- Wenn der Zwang beispielsweise durch das Ausdehnen einer Körperempfindung ausgelöst wird, lassen Sie diese sich immer mehr ausdehnen, über Ihre Körpergrenzen hinaus, bis die Ausdehnung schließlich so groß ist, daß sie wie eine Seifenblase platzt.

In den meisten Fällen „zerplatzt" das zwanghafte Verhalten zusammen mit dem Bild, dem Klang oder der Körperempfindung.

Beispiel

Wenn eine Tafel Schokolade angebrochen auf dem Tisch liegt, scheint das Bild dieser angebrochenen Schokolade immer größer zu werden und löst schließlich ein zwanghaftes Bedürfnis aus, die Schokolade aufzuessen. Man stellt sich nun vor, die Tafel Schokolade würde größer und größer. Bald bedeckt sie den ganzen Tisch, wächst weiter, und ist schließlich ein riesiger Schokoladenberg, den man nie und nimmer aufessen kann. Das Bild platzt dann in der Regel und mit ihm der Zwang, eine angebrochene Tafel Schokolade aufessen zu müssen.

Sie können sich einem solchen Schokoladenberg auch „in der Wirklichkeit" aussetzen. Probieren Sie für sich aus, was passiert, wenn Sie überdimensionale Schokoladentafeln kaufen (von der Art, wie man Sie in der Schweiz bekommen kann – 50 cm lang, 10 cm breit, 3 cm dick!) Tun Sie dann Ihr Bestes, einen

11. Zwanghaftes Verhalten lösen

solchen Schokoladenkoloß aufzuessen. Wenn Sie das nicht auf einmal schaffen (was kaum möglich ist), lassen Sie die angebrochene Supertafel dort liegen, wo Sie sie oft sehen können. Und essen Sie jedesmal, wenn Sie sich dazu gezwungen fühlen, soviel davon, wie sie können. Sie werden überrascht sein, was nach kurzer Zeit mit dem Zwang, angebrochene Schokoladentafeln aufessen zu müssen, geschieht!

Übung: Zwanghaftes Verhalten an einen sinnvolleren Ort geben

Zwanghaftes Verhalten kann auch nützlich sein, bei all den Tätigkeiten, die keinen großen Spaß machen, aber trotzdem getan werden müssen. Wenn Sie bisher unter Zwängen litten, sind Sie jetzt im Vorteil! Stellen Sie dieses Ihnen bereits bekannte Verhalten in einen Zusammenhang, in dem es Ihnen ab jetzt von Nutzen sein wird – beispielsweise beim Geschirr Abwaschen, beim Erledigen der Steuererklärung, beim Treppenhaus Säubern usw.

1. In welchen Situationen würden Sie gerne etwas „zwanghafter" sein? Vielleicht in bezug auf Pünktlichkeit oder wenn es um Ordnung halten geht? Wählen Sie einen Bereich aus, der zukünftig einen „unwiderstehlichen" Zwang auf Sie ausüben soll.

2. Erinnern Sie sich jetzt an eine Situation, in der Sie zwanghaftes Verhalten spürten. Finden Sie heraus, was

11. Zwanghaftes Verhalten lösen

genau den Zwang auslöst, wie in Schritt 2 und 3 der letzten Übung beschrieben.

3. Erinnern Sie sich nun an den Augenblick der Situation, in dem diese Eigenschaft auftrat (z.B. als das Bild näher kam, die Stimme lauter wurde, die Empfindung sich ausdehnte) und den Zwang auslöste. Wo in Ihrem Körper können Sie das zwanghafte Bedürfnis am deutlichsten spüren? Wie genau fühlt es sich dort an?

4. Erinnern Sie sich erneut an diese wenigen Sekunden, in denen die Eigenschaft auftritt und den Zwang auslöst. Dieses Mal jedoch legen Sie eine Hand auf die Körperstelle, an der Sie den Zwang am deutlichsten spüren können.

5. Wiederholen Sie Schritt 2 bis 4 mit fünf weiteren Situationen, in denen Sie diesen Zwang verspürten. Beschäftigen Sie sich dann einige Minuten mit etwas ganz anderem, bis das „Zwang-Gefühl" nicht mehr zu spüren ist.

6. Testen Sie nun Ihren „Zwang-Anker", indem Sie eine Hand auf die Körperstelle aus Schritt 4 legen. Wird der Zwang spürbar? Wenn nein, gehen Sie zurück zu Schritt 2. Wenn ja, sitzt Ihr Zwang-Anker und kann nun mit Schritt 7 anderweitig genutzt werden.

7. Stellen Sie sich eine zukünftige Situation aus dem Bereich vor, in dem Sie ab jetzt etwas zwanghafter sein möchten. Während Sie nun an diese zukünftige Situation denken, lösen Sie Ihren Zwang-Anker aus.

11. Zwanghaftes Verhalten lösen

Wenn Sie das dringende Bedürfnis verspüren – in unserem Beispiel pünktlich zu sein bzw. das schmutzige Geschirr abzuwaschen –, ist die Übung erfolgreich absolviert.

Wiederholen Sie dann Schritt 7 mit weiteren zukünftigen Situationen der gleichen Art, um die Ankerwirkung zu verstärken. Wenn sich das unwiderstehliche Bedürfnis nicht einstellt, verstärken Sie Ihren Anker weiter, wie in Schritt 4 und 5 beschrieben.

12. Arbeit mit Persönlichkeitsanteilen

Jeder von uns kennt die Situation, nicht so reagieren zu können, wie er dies bewußt eigentlich möchte. Ob es sich nun um Angstanfälle handelt, die einen einfach übermannen, obwohl man weiß, daß keinerlei tatsächliche Gefahr besteht, oder um heftige Gefühlsausbrüche, die jeder gerne vermeiden würde, aber nicht zurückzuhalten vermag. Auch ganz alltägliche Geschehnisse werden so oft zur Prüfung, weil wir uns nicht mehr wie ein selbständiger Erwachsener fühlen, sondern eher wie ein Kind, das völlig überfordert ist. In diesen Situationen scheint sich unser Verhalten unserer bewußten Kontrolle zu entziehen. Einem solchen Verhalten kann man sich nun auf verschiedene Weise nähern. Eine davon ist, die Verhaltensweise als Ausdruck eines bisher unbewußten Persönlichkeitsanteiles zu sehen.

Mit dieser Betrachtungsweise können die verschiedenen Aspekte unserer Persönlichkeit als verschiedene „Teile unseres Selbst" erlebt werden, die oftmals unterschiedlicher Meinung sind. Sicherlich hat jeder von uns schon einmal erlebt, daß zwei Seelen in seiner Brust miteinander gerungen haben. Häufig haben einzelne Teile der Persönlichkeit auch nicht den Entwicklungsstand, der dem „Gesamt-Bewußtsein" entspricht. Es ist dann so, als ob ein Kind in dem Erwachsenen wohnt und bestimmte Aufgaben bewältigen soll, bei denen es völlig überfordert ist. Auch körperliche Beschwerden können als Bereich der Persönlichkeit gesehen werden. Mit dieser Betrachtungsweise werden Körpersignale zu „Botschaften" von unbewußten Persönlichkeitsanteilen. Dieses „Teile-Modell" des NLP eröffnet eine Vielzahl von neuen Möglichkeiten, um ein unerwünschtes Verhalten verstehen zu lernen und nachhaltig zu verändern. Entdecken Sie auf den folgenden Seiten „Teile Ihres Selbst" und damit Fähigkeiten, von denen Sie nicht einmal etwas ahnten.

12.1 Bewußte Auseinandersetzung

Ein erster und oftmals bereits lösender Schritt ist das bewußte Auseinandersetzen mit einem bisher unbewußten Teil der eigenen Persönlichkeit. Mit der folgenden Übung können Sie Kontakt mit einem solchen Teil aufnehmen und damit bisher nicht zugängliche Hintergründe eines bestimmten Verhaltens ergründen. Wählen Sie jeweils zu Beginn der Übung eine Verhaltensweise aus, die Sie gerne verändern möchten, und folgen Sie dann den Übungsschritten.

Übung: Kontaktaufnahme mit einem Persönlichkeitsanteil

1. Wie genau verhalten Sie sich, wenn dieser Persönlichkeitsanteil „aktiv" ist? Was ist für seine Verhaltensweise typisch?
2. Woran genau erkennen Sie, daß dieser Teil gerade in Aktion ist?

12. Arbeit mit Persönlichkeitsanteilen

- Ist es eine bestimmte Körperempfindung oder ein inneres Bild?

- Etwas, das Sie im Inneren hören?

- Ein Geschmack und/oder ein bestimmter Geruch?

    Notieren Sie alles, was Ihnen hierzu wichtig erscheint!

3. Haben Sie den Eindruck, daß dieser Teil sich innerhalb Ihres Körpers befindet, oder ist er außerhalb?

- Wenn er außerhalb Ihres Körpers ist, wo genau draußen befindet er sich im Moment?

- Wenn er in Ihrem Körper ist, wo genau befindet er sich? Lassen Sie ihn jetzt aus Ihrem Körper „hinausgehen".

    Nehmen Sie diesen Persönlichkeitsanteil nun außerhalb Ihres Körpers und damit außerhalb von sich selbst wahr.

4. Stellen Sie sich jetzt vor, dieser Teil setzt sich zu Ihnen. Wie ein guter Freund, mit dem man über das spricht, was einen bewegt. Nehmen Sie sich einen Moment Zeit und betrachten Sie ihn.

- Wie sieht er aus? Hat er Ähnlichkeit mit Ihnen? Oder sieht er einer anderen Person ähnlich?

12. Arbeit mit Persönlichkeitsanteilen

- Auf welches Alter schätzen Sie ihn? Ist er in Ihrem Alter oder jünger oder vielleicht sogar älter?

5. Spüren Sie die Gegenwart des Teiles so stark, wie Sie können, und sehen Sie ihn so deutlich, wie es jetzt möglich ist. Was geschieht in Ihnen, wenn Sie ihn so deutlich wahrnehmen? Welche Gefühle stellen sich ein?

- Sind Sie wütend oder böse auf ihn, weil er Ihnen so viele Scherereien bereitet hat?

- Oder spüren Sie Mitgefühl für ihn, vielleicht sogar eine tiefe Verbundenheit?

- Oder vielleicht ganz andere Gefühle?

  Werden Sie sich bewußt, was es für Sie bedeutet, diesen Teil Ihrer Persönlichkeit in dieser Deutlichkeit wahrzunehmen.

6. Nehmen Sie nun wahr, wie es für diesen Teil ist, wenn er so viel Aufmerksamkeit von Ihnen bekommt. Wie reagiert er darauf. Freut er sich darüber? Oder haben Sie gar den Eindruck, er ist beleidigt und wendet sich ab?

  Diese Frage mag vielleicht etwas merkwürdig klingen. Aber sie erweist sich häufig als äußerst wichtig.

  Je mehr man eine bestimmte Verhaltensweise bei sich

12. Arbeit mit Persönlichkeitsanteilen

in der Vergangenheit ablehnte, desto größer kann der Widerstand sein, mit dem dafür „verantwortlichen" Teil in Verbindung zu treten. Oftmals merkt man dies bereits bei den Fragen von Schritt 5. Manchmal ist der „Groll gegen sich selbst" aber auch unbewußter. Dann erscheint es häufig, als würde der Teil schmollen und wollte nicht mit einem reden.

In diesem Fall ist ein notwendiger Schritt, mit sich selbst und damit mit diesem Teil gnädiger umzugehen. Sie können in jedem Fall davon ausgehen, daß ein Teil Ihrer eigenen Persönlichkeit nichts Böses gegen Sie im Schilde führt. Machen Sie sich klar, daß er mit seinem Verhalten, so abwegig es auch gewesen sein mag, etwas Gutes für Sie erreichen wollte, *sich bisher nur nicht besser zu helfen wußte.*

Sehen Sie ihn mit dieser Erkenntnis erneut an, und schenken Sie ihm Ihr Wohlwollen!

7. Fragen Sie den Teil nun, was er mit diesem Verhalten für Sie zu tun versuchte. Was ist seine Absicht, die hinter seinem Verhalten steht? Gibt es etwas, das er versuchte, Ihnen mitzuteilen? Hat er eine wichtige Botschaft für Sie? Oder ist sein Verhalten ein Ausdruck von Überforderung? Gibt es eine andere Absicht, die er mit seinem Verhalten verfolgte?

Nehmen Sie sich ausreichend Zeit und setzen Sie sich mit diesem Teil Ihres Selbst auseinander. Hören Sie, was er Ihnen zu sagen hat. Schenken Sie ihm Ihre Aufmerksamkeit und lassen Sie damit diese Seite Ihrer Persönlichkeit immer bewußter werden.

12.2 Wenn man mit sich selbst verschiedener Meinung ist

Die nachfolgend beschriebene Übung ist für all die Situationen geeignet, in denen zwei oder sogar mehrere „Seelen" in der Brust miteinander ringen. Zum Beispiel wenn Sie unterschiedliche Stimmen zu ein und demselben Thema in sich hören, und diese in Übereinstimmung bringen wollen oder müssen. Oder wenn eine Entscheidung ansteht und Sie dazu gegensätzliche Meinungen in sich wahrnehmen. Auch ganz alltägliche Dinge können Sie mit dieser Übung klären, wie beispielsweise zwischen Geschirrabwaschen und Fernsehschauen zu schwanken, oder zwischen Lernen und Im-Park-sonnen. Je weniger Kraft bei inneren Streitigkeiten verlorengeht, desto mehr Energie steht Ihnen für Ihre Wünsche und Ziele zur Verfügung. In diesem Sinne:

Werden Sie mit sich selbst mehr und mehr einer Meinung!

Übung: Mit sich einer Meinung werden

1. Wählen Sie eine Situation aus, in der Sie mit sich selbst einer Meinung werden möchten.

2. Beginnen Sie diese Übung mit dem Bewußtwerden jedes der beteiligten Teile. Gehen Sie dazu wie in der Übung „Bewußte Auseinandersetzung" beschrieben vor. Durchlaufen Sie die Schritte 1 bis 6 mit jedem der

12. Arbeit mit Persönlichkeitsanteilen

Teile, die sich bezüglich des ausgesuchten Themas streiten.

3. Nachdem Sie sich dieser Teile bewußt geworden sind, stellen Sie sich vor, alle beteiligten Teile würden sich zu Ihnen setzen. Sie können sich zum Beispiel einen „Verhandlungstisch" im Inneren erschaffen. An dem dann alle beteiligten Teile Platz nehmen können und verhandeln. Ihre Aufgabe ist es, das Verhandeln Ihrer Teile zu leiten, wie ein unparteiischer Verhandlungsführer. Daher ist es wichtig, daß Sie während der Übung weitestgehend *neutral* bleiben und sich weder auf die Seite des einen noch des anderen Teiles schlagen.

4. Jeder der beteiligten Teile kann nun zu Wort kommen. Stellen Sie für sich im Inneren sicher, daß Sie jedem der Teile die Möglichkeit geben werden, das zum Ausdruck zu bringen, was ihm wichtig ist!

Fragen Sie den ersten Teil nach seiner Absicht (notieren sie die Antworten auf diese und die folgenden Fragen am besten auf einem Zettel). Was möchte er mit seinem Verhalten für Sie erreichen?

5. Wenn Sie die Antwort erhalten haben, hinterfragen Sie die Absicht des Teiles weiter. Mit der folgenden Frage hinterfragen Sie immer bislang unbewußtere Absichten, bis Sie schließlich bei einer wichtigen Absicht wie *Gesundsein, Erfolgreichsein, Glücklichsein* usw. ankommen.

12. Arbeit mit Persönlichkeitsanteilen

Wenn Du ... für mich erreicht hast, für was ist das dann gut?

Beispiel

Absicht aus Schritt 4: *Ich möchte für Dich erreichen, daß Du Dich erholst.*
Nächste Frage: *Und wenn Du für mich erreicht hast, daß ich mich erhole, für was ist das dann gut?*
Antwort des Teils: *Dann bist Du leistungsfähiger.*
Nächste Frage: *Und wenn Du für mich erreicht hast, daß ich leistungsfähiger bin, für was ist das dann gut?*
Antwort des Teils: *Dann bist Du erfolgreicher.*

6. Wiederholen Sie Schritt 4 und 5 mit allen beteiligten Persönlichkeitsanteilen, bis Sie von allen ihre wichtigste Absicht erfahren haben. Sie werden feststellen, daß erstaunlicherweise alle beteiligten Teile die gleiche Absicht verfolgen, sich bisher jedoch sehr unterschiedlichen Verhaltens bedienten.

Gemeinsame Absicht:

Wenn Sie die gemeinsame Absicht noch nicht gefunden haben, gehen Sie noch einmal zurück zu Schritt 5. Hinterfragen Sie die Absichten jedes Teils einfach weiter, bis Sie zu der gemeinsamen Absicht gelangt sind.

7. Fragen Sie nun jeden einzelnen Teil, ob er sich darüber im klaren war, daß er genau die gleiche Absicht verfolgt, wie der Teil (die Teile), die er bisher bekämpfte. In der Regel ist dies nicht der Fall.

12. Arbeit mit Persönlichkeitsanteilen

Die meisten Teile sind sogar höchst erstaunt, wenn sie feststellen, daß ihre vermeintlichen Widersacher eine gemeinsame Absicht verfolgten. Diese Erkenntnis öffnet neue Möglichkeiten der Verständigung und den Wunsch zur Einigung.

8. Im letzten Schritt beginnen die Teile sich auszutauschen und eine Einigung zu erzielen. Als Verhandlungsführer können Sie sich nun bequem zurücklehnen und Ihre Teile dabei beobachten, wie sie auf eine lösende Art diskutieren, und schließlich zu einer befriedigenden Lösung kommen.

Manchmal kann es nützlich sein, den „kreativen Teil" mit zur Verhandlung zu holen. Erinnern Sie sich dazu an eine Situation, in der Sie sich sehr kreativ erlebt haben. Bitten Sie Ihren kreativen Teil dann, zu dem Gespräch mit hinzuzukommen und bei der Lösung mit seinem Erfindungsreichtum zu helfen.

12.3 Persönlichkeitsanteile, die noch in den Kinderschuhen stecken

Eine häufige Ursache für unangemessenes Verhalten sind Persönlichkeitsanteile, die auf einem früheren Entwicklungsstand stehengeblieben sind. Wir wissen heute noch nicht genau, unter welchen Umständen sich ein Teil der Persönlichkeit „abkapselt". Aber es ist offensichtlich, daß viele Menschen in bestimmten Situationen eher kindlich als im vollem Besitz ihrer erwachsenen Fähigkeiten rea-

12. Arbeit mit Persönlichkeitsanteilen

gieren. Vielleicht kennen Sie solche Verhaltensweisen auch bei sich selbst. Solange die Situation kein erwachsenes Handeln erfordert, kann sich ein kindlicher Teil sehr erfrischend auswirken. Beispielsweise wenn man mit Kindern spielt. Wenn jedoch erwachsene Fähigkeiten benötigt werden, diese aber nicht zur Verfügung stehen, kann dies zu recht wundersamen Geschehnissen führen.

Stellen Sie sich zum Beispiel vor, der Teil, der sich um die Geldangelegenheiten kümmert, wäre auf dem Entwicklungsstand eines Fünfjährigen stehengeblieben. Wie das Konto des „Besitzers" eines solchen Teiles aussieht, kann man sich leicht vorstellen. Oder einer der Persönlichkeitsanteile, die in der Partnerschaft aktiv sind, wäre erst vier Jahre alt. Der Partner bzw. die Partnerin hält in diesem Fall des öfteren statt einer Frau bzw. einem Mann ein kleines Kind in den Armen. Daß dies Probleme mit sich bringt, ist einleuchtend.

Aber nicht nur der Problemaspekt ist bei kindlichen Teilen interessant. Ein solcher kindlicher Teil trägt in den meisten Fällen auch bisher unentwickelte Fähigkeiten in sich, die noch entfaltet werden können. Von daher kann die folgende Übung nicht nur zur Problemlösung genutzt werden, sondern auch als Entwicklungsmöglichkeit noch brachliegender Fähigkeiten!

Übung: Eine kleine Persönlichkeit

1. Wählen Sie eine Situation aus, in der Sie sich bisher auf unangenehme Weise kindlich fühlten, und in der Sie künftig Ihre volle erwachsene Leistungsfähigkeit zur Verfügung haben möchten.

2. Werden Sie sich dieses Teils bewußt, indem Sie die Schritte 1 bis 3 aus der Übung „Bewußte Auseinandersetzung" (Seite 173) durchlaufen.

3. Nachdem der Teil nun außerhalb Ihres Körpers ist, betrachten Sie ihn für einen Augenblick aufmerksam:

- Sehen Sie ihn in einer bestimmten Situation?

- Ist er alleine, oder sehen Sie noch jemanden bei ihm?

- Wenn eine oder mehrere Personen bei ihm sind, wie verhalten sich diese gegenüber Ihrem jüngeren Ich?

- Wie alt schätzen Sie ihn? Ist er noch sehr klein, also ein Baby? Oder ist er im Kleinkindalter? Geht er schon zur Schule? Oder ist er schon ein Teenager?

- Ist der Teil auf Sie aufmerksam geworden, oder haben Sie den Eindruck, er nimmt Sie noch gar nicht wahr?

- Welchen Gesamteindruck macht er auf Sie? Ist er traurig, einsam, verängstigt, verwirrt oder ähnliches? Oder

12. Arbeit mit Persönlichkeitsanteilen

wirkt er, als würde er sich in einem seelischen Schockzustand befinden?

4. Nehmen Sie wahr, was dieser jüngere Teil braucht?

- Braucht er Geborgenheit?

- Braucht er jemanden, der ihm etwas bestimmtes erklärt?

- Braucht er vielleicht einen Freund?

- Jemanden, der ihn beschützt?

- Oder braucht er etwas ganz anderes?
  Nehmen Sie sich Zeit, um herauszufinden, was diesem jüngeren Teil von Ihnen guttun würde.

In der Regel merken Sie an dieser Stelle sehr schnell, was Ihrem kleinen Persönlichkeitsanteil fehlt. Wenn Sie diesem Teil dann genau das geben, was er benötigt, ist der erste Schritt zum Verlassen der „Abkapselung" bereits getan. In den nachfolgenden Übungen finden Sie daher Lösungsvorschläge für unterschiedliche „Mangelerscheinungen".

Bitte beachten Sie hier den Hinweis auf Seite 167 in bezug auf seelische Schocks!

Übung: Trost und Geborgenheit geben

Stellen Sie sich vor, Sie würden diesen kleinen Teil auf Ihren Schoß oder auf Ihren Arm nehmen. Stellen Sie sich vor, Sie würden ihn genauso trösten und geborgen halten, wie Sie es mit einem kleinen Kind tun würden. Streicheln Sie ihm sanft über den Kopf, wiegen Sie ihn in Ihren Armen und lassen Sie zu, daß dieser Teil sich an Sie kuschelt. Genießen Sie das wundervolle Gefühl, das sich entfaltet, wenn Sie diesem kleinen Teil und damit einem Teil Ihres Selbst, die Geborgenheit und den Trost schenken, nach dem er sich immer gesehnt hat. Nehmen Sie sich dafür alle Zeit, die Sie benötigen. Manchmal sind dies nur wenige Augenblicke, ein andermal Minuten, hin und wieder auch sehr viel länger. Spüren Sie in sich nach, ob Sie diesen kleinen Teil währenddessen bei sich behalten möchten, so daß Sie ihn immer wieder zwischendurch in Ihre Arme schließen können und er damit nach und nach all die Zuwendung bekommt, die er braucht. Oder ob er bereits jetzt das bekommen hat, was er brauchte, und Sie ihn mit der Übung auf Seite 168 erwachsen werden lassen wollen.

Übung: Jemand, der etwas erklärt

Als Erwachsene verstehen wir Dinge sehr viel besser als in der Zeit, in der wir noch Kind waren. Als Erwachsener erscheint vieles auch nicht mehr beängstigend, obwohl

12. Arbeit mit Persönlichkeitsanteilen

man als Kind große Angst davor hatte. Als Erwachsener stehen Ihnen heute Fähigkeiten und damit Möglichkeiten zur Verfügung, die Sie als Kind nicht hatten. Und mit diesen Fähigkeiten können Sie Ihrem „jüngeren ich" jetzt hilfreich zur Seite stehen. Stellen Sie sich vor, Sie würden als erwachsene Schwester oder erwachsener Bruder „aus der Zukunft" zu dem Kind gehen, das Sie damals waren. Setzen Sie sich zu ihm, und erklären Sie ihm, was es damals nicht verstehen konnte, und was ihm deshalb angst machte oder es verwirrte. Erklären Sie es ihm so, daß es versteht und damit seine Angst verliert und wieder ruhig wird. Auch hier können Sie entscheiden, ob es wohltuender ist, wenn der Teil noch etwas bei Ihnen bleibt, oder ob Sie ihn mit der Übung auf der übernächsten Seite erwachsen werden lassen wollen.

Übung: Ein Freund oder Spielkamerad sein

Manchmal ist man als Kind recht einsam, beispielsweise wenn die Eltern aus irgendwelchen Gründen nur wenig Zeit haben, oder wenn man wenig Freunde hatte usw. Auch hier können Sie Ihrem jüngeren Selbst zur Seite stehen. Wenn Ihr jüngerer Teil jemanden braucht, der ihm zuhört, dann hören Sie ihm einfach zu. Wenn er jemanden braucht, mit dem er reden kann, dann sprechen Sie mit ihm. Wenn er jemanden braucht, der ihn versteht, zeigen Sie ihm Ihr Verständnis. Wenn er einen Spielkameraden braucht, dann spielen Sie mit ihm.

Anfangs mag dies vielleicht ein wenig merkwürdig anmuten. Aber solch ein anfängliches Unbehagen löst sich spätestens dann auf, wenn Sie die wohltuende Wirkung dieser Art von Auseinandersetzung mit sich selbst erleben. Stellen Sie sich doch beispielsweise vor, Sie lesen Ihrem jüngeren Selbst eine Geschichte vor, oder erzählen ihm eine. Haben Sie früher mit Puppen oder der Eisenbahn gespielt? Lassen Sie diese Kindheitserinnerungen wieder wachwerden, und spielen Sie diesmal zu zweit. Wollten Sie als Kind gerne in den Zoo oder in den Zirkus, und niemand hatte Zeit, mit Ihnen dorthin zu gehen? Nun haben Sie jemanden, der sich alle Zeit der Welt nimmt. Erfüllen Sie sich all die Wünsche, die seit der Kindheit in Ihrem Herzen liegen. Spüren Sie auch hierbei wieder nach Innen, wann die Zeit gekommen ist, diesen Teil erwachsen werden zu lassen (siehe nächste Seite).

Übung: Einen Schockzustand heilen

Traumatische Situationen (Situationen, die einen seelischen Schock auslösen) sind beim Heranwachsen eines Kindes kaum zu vermeiden. Dies hängt unter anderem damit zusammen, daß sich kleine Kinder häufig in tranceähnlichen Zuständen befinden, in denen die Gefühlswahrnehmung sehr empfindsam ist. Sicherlich haben Sie schon beobachtet, daß Kinder oft mit abwesendem Blick vor sich hinträumen oder in eine „andere Welt" vertieft zu sein scheinen. In einem solchen Zustand ist ein Kind leicht sehr tief zu erschrecken. Oftmals ahnt ein Erwachsener noch nicht einmal, daß er mit seinem Verhalten bei einem Kind gerade einen Schockzustand hervorgerufen

12. Arbeit mit Persönlichkeitsanteilen

hat. Viele dieser alltäglichen leichten Schockzustände lassen sich anhand der Übungen dieses Kapitels auflösen.

Wenn es allerdings eine oder mehrere stark traumatische Situationen in Ihrer Kindheit gab, sollten Sie diese nicht im Alleingang angehen. Bei Erlebnissen, wie beispielsweise dem Tod eines nahestehenden Menschen, einer schlimmen Krankheit, einem Unfall, körperlichem oder seelischem Mißbrauch, ist das fachliche Können eines Profitherapeuten gefragt. Mehr hierzu auch im Abschlußkapitel.

Übung: Einen Teil erwachsen werden lassen

Wenn es an der Zeit ist, den jüngeren Teil erwachsen werden zu lassen, können Sie dies nach der folgenden Anleitung machen. Eine gute Voraussetzung für diese Übung ist ein leichter bis mittlerer Trancezustand. Solange Sie die Übung noch nicht auswendig kennen, ist es hilfreich, wenn Sie die Anleitung von außen hören. Lassen Sie sich die einzelnen Übungsschritte vorlesen, oder sprechen Sie sie auf Band – mit ausreichenden Pausen, so daß Sie genügend Zeit haben, jede Anweisung im Inneren auszuführen.

1. Nehmen Sie den Teil nun wahr, den Sie erwachsen werden lassen möchten. Befindet er sich außerhalb Ihres Körpers, oder ist er bereits in Ihrem Körper?
   Wenn er noch außerhalb des Körpers ist, stellen Sie sich vor, er bewegt sich auf Sie zu, und Sie nehmen ihn in Ihren Körper hinein.

12. Arbeit mit Persönlichkeitsanteilen

2. Stellen Sie sich nun vor, der Teil beginnt zu wachsen. Während er wächst, wird er älter und größer und beginnt, Ihren Körper auszufüllen. Und während dies geschieht, verbindet er sich mit all dem Wissen und all den Fähigkeiten, die Sie als Erwachsener im Laufe der Jahre gesammelt und entwickelt haben. Und gleichzeitig kann sich das Potential, daß dieser ehemals kleine Teil in sich trägt, öffnen, so daß es für Sie zugänglich wird und sich entfalten kann. Und während all dies geschieht, können Sie fühlen, wie der ehemals kleine Teil größer wird, wächst, sich in Ihrem Körper ausdehnt. Und mehr und mehr zu einer Einheit mit Ihnen wird. Und wenn dieser Prozeß zu Ende ist, wird der ehemals kleine Teil Ihren Körper ganz und gar ausfüllen, von den Fußspitzen bis zu den Haarspitzen, von den Fingerspitzen der linken Hand bis zu den Fingerspitzen der rechten Hand. Und wenn Sie fühlen, daß dieser Prozeß beendet ist, können Sie langsam wieder Ihre Augen öffnen und in Ihrem eigenen Tempo, bereichert, ins Hier und Jetzt zurückkehren.

12.4 Wenn der Körper etwas zu sagen versucht

Psychosomatische Beschwerden treten immer häufiger auf: Mehr und mehr Menschen leiden unter Schmerzen, für die Ärzte keine körperlichen Ursachen finden können. Seelische Probleme können sich in Rückenschmerzen, Magenproblemen, Migräneanfällen und ähnlichem äußern. Dann werden Körpersignale in Form von Schmerzen oder Beschwerden zu „Botschaften der Seele". Die folgende Übung kann Ihnen helfen, die Hintergründe eines solchen Signals zu beleuchten und neue Lösungsmöglichkeiten zu finden. *Wenn Sie unter Beschwerden dieser Art leiden, sollten Sie aber dennoch in jedem Fall einen Arzt aufsuchen, um körperliche Ursachen ausschließen zu können!*

Übung: Signale des Körpers erkennen

1. Welche körperlichen Beschwerden möchten Sie mit dieser Übung ergründen? Erinnern Sie sich als erstes an eine Situation, in der diese Beschwerden deutlich für Sie spürbar waren.

2. Stellen Sie sich nun vor, diese Körperbeschwerden wären Signale, mit denen ein bisher unbewußter Teil Ihrer Persönlichkeit etwas mitzuteilen versucht. Werden Sie sich dieses Teiles bewußt, indem Sie die Schritte 2 bis 6 der Übung „Bewußte Auseinandersetzung" (Sei-

12. Arbeit mit Persönlichkeitsanteilen

te 154) durchlaufen. Nehmen Sie sich dazu ausreichend Zeit und haben Sie, wenn nötig, auch etwas Geduld mit sich selbst.

3. Jetzt, nachdem Sie sich dem Teil genähert haben, fragen Sie ihn, was er mit den körperlichen Beschwerden ausdrücken will. Auf was möchte er Sie aufmerksam machen? Es ist wichtig, daß Sie an dieser Stelle eine klare Antwort erhalten, die Sie auch verstehen können. Wenn dies nicht der Fall ist, finden Sie unter Schritt 4 Hilfestellungen. Wenn Sie eine klare, verständliche Antwort erhalten haben, gehen Sie weiter zu Schritt 5.

4. *Wenn Sie keine Antwort erhalten:*
Spüren Sie in sich hinein und nehmen Sie wahr, ob Sie die Antwort wirklich hören möchten! Manchmal weisen körperliche Beschwerden auf etwas hin, das man nicht wahrhaben möchte. Dann fällt es oft schwer *hinzuhören.*
In einem solchen Fall sollten Sie davon ausgehen, daß dieser Teil etwas wirklich Wichtiges zu sagen hat. Ansonsten würde er die Beschwerden nicht verursachen. *Als Faustregel gilt hier oftmals: Je mehr Sie unter den Beschwerden leiden, desto wichtiger ist die darin enthaltene Botschaft!* Nehmen Sie also Ihren Mut zusammen, und hören Sie, was der Teil Ihnen zu sagen hat. Wenn Sie sich jedoch von der Situation überfordert fühlen oder Ihnen ganz und gar nicht wohl bei der Sache ist, kann dies ein wichtiger Hinweis darauf sein, daß die Unterstützung eines Profi-Therapeuten wichtig wäre.

12. Arbeit mit Persönlichkeitsanteilen

Wenn die Antwort nicht verständlich ist:
Oftmals klappt die Verständigung auch nicht gleich auf Anhieb. Bitten Sie in einem solchen Fall den Teil noch einmal, Ihnen die Antwort mitzuteilen – dieses Mal aber auf eine Art, die Sie klar und leicht verstehen können. Achten Sie dabei auf alle Bereiche Ihres inneren Erlebens: *was Sie sehen, was Sie hören und was Sie fühlen*. Wenn Sie sich nicht sicher sind, was eine bestimmte Reaktion bedeutet, hinterfragen Sie diese so lange, bis Ihnen die Bedeutung wirklich klar ist. Die folgende Formulierung kann hier sehr hilfreich sein: *Was genau bedeutet dieses ... (Bild, Geräusch, Wort, Empfindung)?*

5. Bedanken Sie sich bei dem Teil dafür, daß er Ihnen die Antwort gegeben hat. Und auch dafür, daß er Sie mit soviel Nachdruck darauf aufmerksam machte. Jetzt, nachdem Sie die Antwort kennen, gilt es, sich mit ihr auseinanderzusetzen.

Nehmen Sie sich hierfür ausreichend Zeit, und finden Sie neue Möglichkeiten. Was können Sie ab jetzt für sich tun, um das zu verändern, worauf Sie Ihr Persönlichkeitsanteil aufmerksam machte? Wie wird Ihr Leben aussehen, wenn Sie genau diese Veränderungen vorgenommen haben? Nehmen Sie sich einen Moment Zeit und stellen Sie sich vor, wie es sein wird, wenn Sie es verändert haben werden. Wie wird Ihr Leben sein, wenn diese wichtige Änderung in Ihrem Leben bereits eingetreten ist?!

Was tun, wenn's nicht funktioniert?!

Wenn die Durchführung einer Übung nicht den gewünschten Erfolg zeigt, kann das verschiedene Gründe haben:

1. *Beim Ausführen der Übungsanleitung ist Ihnen ein Fehler unterlaufen.*

2. *Die Übung ist zur Erreichung des gewünschten Zieles mit dem entsprechenden Inhalt nicht geeignet.*

3. *Auf einer tieferen seelischen Ebene spricht etwas dagegen, das von Ihnen gewünschte Ziel zu erreichen.*

4. *Der zu lösende Problemzustand bedarf des Könnens eines Profi-Therapeuten.*

Mögliche Fehler beim Ausführen der Übungsanleitung

Vor allem, wenn Sie beginnen, sich mit einer Übung auseinanderzusetzen, können Fehler in der Durchführung auftreten. Wenn ein Übungsdurchgang nicht die angestrebte Wirkung bringt, ist daher ein erster Schritt, die Anleitung nochmals genau durchzulesen. Oft ist man sich gar nicht bewußt, daß man eine Anweisung nicht genau ausgeführt hatte. Durchlaufen Sie die Übung daher in jedem Fall ein weiteres Mal, nachdem Sie sich die einzelnen Schritte nochmals vergegenwärtigt haben. Auch hier ist es wichtig zu erinnern, daß mit wachsender Übung die Ergebnisse besser werden. Es kann also auch sein, daß Sie eine Übung mehrmals gemacht haben müssen, um das Ergebnis zu erlangen, das Sie sich wünschen.

Wenn eine Übung für einen Inhalt nicht geeignet ist

NLP-Übungen sind zur Lösung von Problemzuständen unterschiedlich gut geeignet. Die richtige Übung zur Erreichung des gewünschten Zieles „herauszupicken" ist vor allen Dingen eine Frage der Erfahrung. Wenn der gewünschte Erfolg nicht eintritt und Sie sichergestellt haben, daß Ihnen kein Ausführungsfehler unterlaufen ist, wählen Sie einfach eine andere Übung aus, um Ihr Ziel zu erreichen. Dies gilt sowohl für verschiedene Übungen zu einem Thema, wie beispielsweise „Bilder zerstören", als auch für Übungen aus unterschiedlichen Kapiteln.

Wenn im Buch unterschiedliche Anleitungen zu ein und demselben Thema beschrieben sind, probieren Sie einfach aus, was für Ihre jeweilige Situation am besten funktioniert. Welche der Übungen dann den gewünschten Erfolg bringt, hängt vorwiegend davon ab, wie Ihr inneres Erleben gestaltet ist. Bei dieser Art von Übungen finden Sie sicherlich schnell heraus, welche bei Ihnen am besten wirken. Auch bei Übungen aus unterschiedlichen Kapiteln (z.B. *Wiederholbare Gefühlszustände* und *Arbeit mit Persönlichkeitsanteilen*) gilt: Wenn eine Übung nicht den angestrebten Erfolg bringt, suchen Sie sich einfach eine andere aus.

Mit zunehmender Erfahrung werden Sie auch hier immer treffsicherer bei der Auswahl der angemessenen Übung. Bis dahin halten Sie es einfach mit einem der „Ahnen" des NLP Milton Erickson. Sein Motto bei der Arbeit war:
Wenn etwas nicht funktioniert, mache etwas anderes!

Wenn etwas gegen die Erreichung des gewünschten Zieles spricht

Wenn Sie die Übungsanleitungen genau befolgt und bereits verschiedene Übungen ausprobiert haben, kann es sein, daß auf einer tieferen seelischen Ebene ein *Einwand* gegen das Erreichen des Übungszieles vorliegt. Dann steht der erfolgreichen Ausführung der Übung auf einer unbewußten Ebene etwas entgegen. Hier ist es wichtig, diesen bisher unbewußten Einwand ins Bewußtsein zu heben. In der Regel sind es wichtige Hinweise, die bei der Erreichung Ihres Zieles unbedingt beachtet werden müssen!

Einwände äußern sich auf unterschiedliche Weise. Eine davon ist eine Art „Selbstsabotage". In einem solchen Fall sorgt das Unterbewußtsein dafür, daß keine der angewandten Vorgehensweisen funktioniert. Aber auch ein stark unangenehmes Gefühl vor Beginn oder während der Übung kann ein Hinweis auf einen wichtigen Einwand sein. Gehen Sie über ein solches Gefühl also nicht hinweg, sondern schenken Sie ihm Beachtung!

Eine Möglichkeit herauszufinden, ob es in Ihrem Unterbewußtsein einen Einwand gegen das erfolgreiche Ausführen einer Übung gibt, ist die folgende:

Übung: Innere Einwände erkennen

1. Nehmen Sie sich einen Augenblick Zeit, schließen Sie die Augen, und nehmen Sie einige tiefe, entspannende Atemzüge.

2. Lassen Sie das Übungsziel, das Sie erreichen möchten, vor Ihrem geistigen Auge entstehen. Fragen Sie nun nach innen: „Gibt es einen Einwand dagegen, daß ich dieses Übungsziel erreiche oder diesen Entwicklungsschritt mache?"

Achten Sie auf alles, was in Ihrem inneren Erleben auf diese Frage „reagiert". Manchmal kommt eine Antwort des Unterbewußtseins in Form von einem Wort oder Satz, ein andermal steigt ein Bild im Inneren auf, oder ein Gefühl wird deutlich spürbar. Wenn Sie sich nicht sicher sind, was das Wort/der Satz, das Bild bzw. das Gefühl bedeutet, richten Sie Ihre Aufmerksamkeit darauf, und fragen Sie nach innen: *„Was bedeutet dieses Wort (Satz, Bild, Gefühl)?"* Mit dieser Vorgehensweise geben Sie Ihrem Unterbewußtsein die Möglichkeit, einen möglichen Einwand bewußt werden zu lassen.

Eine weitere Möglichkeit, einem Einwand auf die Spur zu kommen, ist die Übung *Bewußte Auseinandersetzung* auf Seite 148. Führen Sie die Anleitung wie dort beschrieben durch, und behandeln Sie das, was Sie als Einwand wahrnehmen, einfach als Teil Ihrer Persönlichkeit.

Einwände können ganz schlichte Anliegen ausdrücken. Beispielsweise einen Hinweis darauf, daß man zu müde ist, um eine Übung erfolgreich zu bewältigen, oder daß zu wenig Zeit eingeplant wurde. Ein Einwand kann aber auch tieferliegende Bedenken des Unterbewußtseins bezüglich einer angestrebten Veränderung äußern. Hier geht es oftmals um die Frage der eigenen Identität und die Befürchtung, daß diese auf irgendeine Weise verletzt werden könnte. Nehmen wir zum Beispiel an, eine Person hätte bisher darunter gelitten, daß sie sich in Situationen, in denen sie mit Worten angegriffen wurde, ohnmächtig fühlte und sich nicht zur Wehr setzen konnte. Sie würde nun anstreben, dieses Ohnmachtsgefühl mit einer entsprechenden Übung aufzulösen, um sich in Zukunft wehren zu können. Wenn diese Person nun aber in der Kindheit gelernt hat, daß man sich „unterwirft", anstatt sich zu wehren, und diese anerzogene Verhaltensweise unbewußt ein wichtiger Bestandteil ihres bisherigen Verhaltens war, käme es in ihr zu einem Konflikt.

Dieser würde sich dann als Einwand gegen das Übungsziel äußern.

Einwände dieser Art sollten auf gar keinen Fall übergangen werden. Sie weisen auf etwas hin, daß zuerst gelöst werden muß, bevor die gewünschte Veränderung vollzogen werden kann. Manchmal reicht alleine das Bewußtwerden eines solchen Konfliktes aus, um einen heilenden Prozeß in Gang zu bringen. Manchmal braucht man jedoch einen fachkundigen Berater zur Unterstützung.

Wenn ein Profi-Therapeut gefragt ist

Wenn wir feststellen, daß wir in der Lage sind, uns selbst zu helfen, ist das eine sehr heilsame Erfahrung. Mein Ziel beim Schreiben dieses Buches war es, Ihnen Übungen vorzustellen, mit Hilfe derer Sie Ihre persönliche Entwicklung in die eigenen Hände nehmen können. An bestimmten Stellen in der persönlichen Entwicklung ist es jedoch sinnvoll und wichtig, sich von einem Fachmann unterstützen zu lassen. Wenn Sie bei Ihrer Arbeit etwas anstoßen, das Ihr jetziges Können übersteigt, ziehen Sie einen professionellen Therapeuten zu Rate. Mit den Möglichkeiten des NLP kann in sehr vielen Fällen die angestrebte Veränderung erreicht werden, insofern der Therapeut über die notwendige Erfahrung verfügt.

Hier verabschiede ich mich von Ihnen.
Vielleicht sehen wir uns ja bald wieder ...
Bis dahin mit diesem Buch viel Freude
und vor allem: gute Veränderung!

324 Seiten
ISBN 978-89767-412-7

Klaus Grochowiak
Susanne Haag
Die Arbeit mit Glaubenssäten
Als Schlüssel zur seelischen Weiterentwicklung

Die Arbeit mit Glaubensätzen ist der Schlüssel zur seelischen Weiterentwicklung. Die Autoren zeigen, wie der Leser die wirkungsvollen Methoden des NLP für seine persönliche Entwicklung nutzen kann. Es werden Möglichkeiten dargestellt, wie er die eigenen Glaubenssätze aufspüren und dann die negativen entmachten sowie die positiven verstärken kann.

168Seiten
ISBN 978-89767-540-7

Doris Rein
Lebe dein Leben
Impulse zur Selbstfindung und Motivation

Einfühlsam erklört die Autorin, wie das Innere die äußeren Lebensumstände bestimmt, wie unsere Gefühle, Gedanken und unser Verhalten dafür sorgen können, dass wir glücklich und zufrieden leben, wenn wir bewusst und achtsam mit uns selbst und anderen umgehen. Beispiele aus dem Alltag zeigen, wie wir eigenverantwortlich unser Leben bestimmen können.

448 Seiten
ISBN 978-89767-436-3

Samuel Sagan
Tor zu inneren Welten
Übungsbuch zur Öffnung des dritten Auges

In diesem Buch erfahren Sie, wie Sie mit ein wenig Übung beginnen können, den „inneren Keller der Wahrnehmung zu verlassen und die Herrlichkeit und das Wunder der Welt aus der Sicht des dritten Auges zu erfassen".
Wenn Sie sich nicht mit einem rein intellektuellen Verständnis der spirituellen Wirklichkeiten zufrieden geben möchten, sondern diese am eigenen Leib erfassen und spüren wollen, dann ist dieses Buch für Sie genau richtig!

144 Seiten
ISBN 978-89767-556-8

Marie-Luise Stangl
Jede Minute sinnvoll leben
Mit Eutonie zu mehr Selbstvertrauen

Das Buch versteht sich als anregung, sich selbst neu zu entdecken. Auf den Weisheiten des ZEN-Buddhismus basierend zeigt Ihnen das Buch, wie Sie durch das bewusste Erleben alltäglicher Tätigkeiten, wie Gehen, Stehen oder Essen Ihre Persönlichkeit intensiver und positiver empfinden und dadurch neue Lebenskraft gewinnen können. Die Übungen sind so einfach, dass sie überall und zu jeder Zeit im Alltag geübt werden können.